ज़िंदा होने का सबूत

जाबिर हुसेन की कथा-डायरी

ज़िंदा होने का सबूत

जाबिर हुसेन की कथा-डायरी

राजकमल प्रकाशन
नयी दिल्ली पटना

ISBN : 978-81-267-2365-2

मूल्य : ₹ 300

पहला संस्करण : 2013

प्रकाशक : राजकमल प्रकाशन प्रा. लि.
अशोक राजपथ, साइंस कॉलेज के सामने
पटना–800 006
प्रधान कार्यालय : 1–बी, नेताजी सुभाष मार्ग, दरियागंज, नई दिल्ली–110 002
शाखा : पहली मंज़िल, दरबारी बिल्डिंग, महात्मा गांधी मार्ग, इलाहाबाद–211 001
वेबसाइट : www.rajkamalprakashan.com
ई-मेल : info@rajkamalprakashan.com

मुद्रक : बी.के. ऑफसेट
नवीन शाहदरा, दिल्ली–110 032

Zinda Hone Ka Sabut
Jabir Husain ki Katha-Diary

उनके नाम
जो अपने
असलहों के साथ
मुझ पर हमलावर हुए

उनके नाम भी
जो इन
हमलावरों की पुश्त पर
खड़े नज़र आए

लेकिन
जिनके लिए
फिर भी
मेरे दिल में
कोई गिला नहीं

अनुक्रम

एक

दो

—

एक

लेकिन मैं

तुलाराम अपने घर की तंग सीढ़ियों की आख़िरी टेक पर था कि उसके दिमाग़ में बाप की कही बात दोबारा कौंधी -

'कल से, इन्हीं में से किसी एक गोदाम में जाकर बैठा कर, घर आने की ज़रूरत नहीं। वहीं बीड़ी बनाकर अपना पेट पालने की सोच। आज से तेरे लिए इस घर के दरवाज़े बंद।'

तुलाराम को बाप की कही बात और उसके धक्के याद आते ही यह ख़्याल भी आया कि उसने सीढ़ियां उतरने से पहले अपनी मां से मुलाक़ात नहीं की, बल्कि उस दालान की तरफ़ देखा तक नहीं, जहां उसकी मां हर वक़्त किसी काम में उलझी रहती है।

एक लम्हे के लिए तुलाराम ने सोचा, सीढ़ियां दोबारा चढ़कर मां से आख़िरी बार ज़रूर मिल लेना चाहिए। आख़िर इसमें उसकी मां का क्या क़सूर है? क़सूर तो सारा तुलाराम का ही है। वही तो अपनी मर्ज़ी से स्कूल का बस्ता पटख़ कर हर रोज़ कोई किताब या मैगज़ीन लिए गोदाम पहुंच जाता है। घर के लोग समझते हैं कि वो खेलने-कूदने निकला है, और घंटे-भर बाद लौट आएगा।

एक दिन, देर शाम, घर लौटने पर रोटियां परोसते वक़्त मां को तुलाराम के कपड़ों से तंबाकू की बू आती महसूस हुई तो उसने तुलाराम को टोका-

'तंबाकू की बू आ रही है, तेरे कपड़ों से। कहां गया था, बोल किनके साथ ऊधम मचा कर आया है।'

झूठ बोलने के सिवा कोई चारा नहीं था, तुलाराम के पास। वो जानता था, सच बोलने का मतलब होगा बाप के हाथों पिटाई, जिसके बारे में सोचकर ही वो एकदम से डर जाने लगा था।

'खेलते वक़्त कूड़े के ढेर पर गिर गया था, वहीं तंबाकू का बुहारन पड़ा था।'

तुलाराम ने सफ़ाई के साथ जवाब दिया और रोटियां जल्दी-जल्दी मुंह में डालने लगा। दालान के एक तरफ़, उसके सवाल-जवाब से बेख़बर, बाप की नज़रें अख़बार के पन्ने पर जमी रहीं।

अगले दिन, एक और किताब तुलाराम के हाथ लग गई, जिसके कुछ हिस्से तो उसने स्कूल में टिफ़िन की घंटी के बीच ही पढ़ डाले। कारख़ाना मज़दूरों की लड़ाई से भरी थी वो किताब, जिसमें उन पर होने वाले जुल्म और कारख़ाना मालिकों के ख़िलाफ़ चलने वाली लड़ाइयों की तफ़सील बयान की गई थी। पुलिस की ज़्यादतियों का ब्यौरा था।

गोदाम में उस रोज़ आम दिनों से ज्यादा भीड़ थी। सिराज मियां के गोदाम के मज़दूर भी अपना काम ख़त्म करके कहानी सुनने वहीं आ गए थे।

गोदाम में पेट्रोमैक्स की रौशनी फैली हुई थी और गहरा सन्नाटा था। बीच-बीच में, किसी के खांसने की आवाज़ और तेज़-तेज़ चलने वाली सांसें ज़रूर सुनाई दे जाती थीं, जिससे गोदाम का सन्नाटा कुछ लम्हों के लिए थम जाता था।

किताब दिलचस्प थी। किताब के हीरो की तक़रीरों में सिहरन पैदा करने वाला असर था। तुलाराम के कहानी पढ़ने के ड्रामाई अंदाज़ से कहानी में और जान आ गई थी।

एक बाब, दो बाब, तीन बाब!

तुलाराम किताब पढ़ता गया, किताब के पन्ने उलटते गए। गोदाम के मज़दूरों की उंगलियां तेज़ी से चलती रहीं। पत्ते काटती, तंबाकू भरती, धागे लपेटती उंगलियों के नुकीले नाख़ून का बढ़ता पीलापन देखने की फुर्सत किसी को न थी।

गोदाम में जलने वाले पेट्रोमैक्स का तेल ख़त्म होने को नहीं आ जाता तो शायद तुलाराम की कहानी देर रात-रात तक इसी तरह जारी रहती।

तुलाराम, और दिनों के मुक़ाबले, कुछ ज़्यादा ही वक़्त गुज़ार कर उस दिन घर लौटा। इसलिए सबकी नज़र में उसका आ जाना स्वाभाविक था। घर में दाख़िल होते ही, सबसे पहले टोकने वाली उसकी मां थी -

'कहां था, इतनी देर? किसके साथ था?'

तुलाराम को मालूम था कि उसकी मां इस बात से ज़्यादा चिंतित रहती है कि वो घर से बाहर किसके साथ अपना वक़्त गुज़ारता है। यही वजह है, वो हरदम मां के लिए भरोसे-लायक़ जवाब तैयार रखता था।

'मौसी के घर गया था, वहीं देर हो गई। मौसी ने खाने के लिए रोक लिया था।'

मौसी से मां के रिश्ते बहुत गहरे थे। वो दरअसल मां की सबसे कमज़ोर नब्ज़ थी। उसका नाम आते ही मां का गुस्सा ठंडा हो जाया करता। बल्कि उसका नाम सुनते मां की आंखों में बूंदें छलक आतीं।

'मौसा घर में थे? कोई हंगामा तो नहीं हो रहा था? शराब पीकर तो नहीं आए थे मौसा? मौसी खुश तो लग रही थी ना?'

तुलाराम मां के इन सवालों के लिए तैयार नहीं था।

'मौसी ने कल फिर बुलाया है, कल सब कुछ देखकर आऊंगा।'

तुलाराम मां को टाल गया।

हाथ मुंह धोकर खाने को बैठा तो तुलाराम को बाप की खोजी आंखें अपनी तरफ़ घूरती महसूस हुई। पहला निवाला ही जैसे मुश्किल से गले उतरा।

'इम्तिहान में थोड़े दिन रह गए हैं। कल से स्कूल के बाद सीधे घर आना है, खेल-कूद बंद।'

तुलाराम को बाप के अल्फ़ाज़ अंगारों की तरह कान के पर्दों पर टपकते महसूस हुए। खेल-कूद बंद, और स्कूल से सीधे घर आना हुआ, तो गोदाम में किताब का बाक़ी हिस्सा पढ़कर कौन सुनाएगा।

तुलाराम गहरी सोच में डूब गया।

अगले दिन, स्कूल की दो घंटियां तुलाराम ने किसी तरह पूरी कर लीं। तीसरी घंटी में, उसका दिल उसे बेचैन करने लगा। तुलाराम क्लास से निकल कर टीचर के पास गया, पेट में दर्द की शिकायत की, और बस्ता संभाले स्कूल से बाहर आ गया।

गोदाम वाली गली की तरफ़ मुड़ते वक़्त अपने जानते अच्छी तरह देखकर तुलाराम ने इत्मीनान कर लिया कि आसपास कोई उसके इस तरह स्कूल से भाग आने की शिकायत उसके बाप से करने वाला मौजूद नहीं है।

सीलन भरे गोदाम में, काम पर जुटे मज़दूरों ने वक़्त से पहले तुलाराम को वहां देखकर हैरत और खुशी जताई।

'स्कूल में छुट्टी हो गई। वो था ना, रामू, काफ़ी दिन से बीमार था। आज सुबह मर गया। इसलिए छुट्टी हो गई।'

तुलाराम को बहाना तलाशने में महारत हासिल थी।

दिन का सारा वक़्त तुलाराम ने उस रोज़ गोदाम में ही गुज़ारा। सारे बाब किताब के उसने मज़दूरों को पढ़ सुनाए। आख़िरी बाब, जिसमें हीरो की

मौत के साथ मज़दूरों की जीत का ज़िक्र था, मज़दूरों ने दोबारा पढ़वा कर सुना। हीरो की मौत, लेकिन मज़दूरों की जीत!

किताब का अंत मज़दूरों को रास नहीं आया। तंबाकू के पत्ते काटते-काटते उनकी उंगलियां रुक गईं।

किसी कोने से शिकायत भरी आवाज़ उभरी-

'क्यों मारा कहानीकार ने हीरो को? जिसने मज़दूरों को जीत दिलाई, उसे ही क्यों मार डाला?'

सबने इस एतराज़ का साथ दिया।

तुलाराम के पास इस सवाल का कोई जवाब नहीं था। खुद उसकी आंखें भी हीरो की मौत से भीग गई थीं।

हीरो की लाश कारख़ाने के दरवाज़े पर पड़ी है।
ख़ून में लथपथ लाश! चेहरा भी मुश्किल से पहचान में आता है। दूसरी तरफ़, कारख़ानेदार की आवाज़ माइक पर सुनाई दे रही है-

'मज़दूर हमारे मालिक हैं। हमें उनकी सारी मांगें मंज़ूर हैं। कल से कारख़ाना खुल जाएगा। किसी को कोई सज़ा नहीं मिलेगी। कल ही बढ़ी हुई दर पर बक़ाया मज़दूरी दे दी जाएगी। सारी मांगें मान ली गई हैं। अब कोई झगड़ा नहीं रहा।'

तुलाराम ने किताब की आख़िरी लाइनें पढ़ीं, जिनमें कारख़ाने पर मज़दूरों के झंडा फहराने की बात लिखी थी, मगर जहां हीरो की ख़ून में लथपथ लाश का कोई ज़िक्र नहीं था।

तुलाराम के पास हालांकि घड़ी नहीं थी, मगर वो अंदाज़ से इतना ज़रूर जान गया था कि स्कूल का वक़्त ख़त्म हो गया है, और अब उसे सीधे घर पहुंचना है।

गोदाम से निकलते वक़्त भी तुलाराम ने झांककर गली में देख लिया।

जान-पहचान का कोई आदमी उसे गली में आते-जाते दिखाई नहीं दिया।

लेकिन तेज़ क़दमों से भागता तुलाराम जैसे ही शेरगंज की चौड़ी सड़क पर आया, उसकी नज़र कोने वाली शराब की दुकान से बाहर निकल रहे मौसा जी पर पड़ी। नज़र पड़ते ही, तुलाराम को मां के तीखे सवाल याद हो आए।

अपने घर लौटने की बजाय, तुलाराम मौसी के घर की तरफ़ मुड़ गया।

उस दिन मौसी ने सचमुच तुलाराम को खाने के लिए रोक लिया।

घर लौटते-लौटते उसे फिर देर हो गई।
घर की सीढ़ियां चढ़ते ही उसे बाप की गरजदार आवाज़ सुनाई दी-

'भला हो मदनजीत बाबू का, कि उन्होंने लौंडे को गोदाम-गली से निकलते देख लिया, अपनी आंखों से, वरना मैं तो आज भी अंधेरे में ही पड़ा रहता।'

तुलाराम सकते में आ गया। मदनजीत बाबू, यानी मौसा जी, जिन्हें उसने अपनी आंख से सड़क के कोने वाली शराब की दुकान से निकलते देखा था!

तुलाराम को समझते देर नहीं लगी। मौसा जी ने ही उसके बीड़ी-गोदाम जाने की शिकायत बाप तक पहुंचा दी थी।

तंग सीढ़ियों की आख़िरी टेक पर खड़े तुलाराम को एक झटके में सारी बातें कचोके के साथ याद हो आईं।

तुलाराम ने सोचा, बाप ने धक्के देकर घर से बाहर निकाल दिया तो क्या हुआ। बाप है, तो क्या इतना भी नहीं कर सकता। मुझे लौट कर मां को ज़रूर बताना चाहिए कि मौसा जी ने आज फिर शराब पी है। और यह भी कि मौसा जी ने आज फिर मौसी की जमकर पिटाई की है।

तुलाराम तंग सीढ़ियां तय करके अपने घर लौट गया है।

लेकिन मैं?

मैं तो अब भी तुलाराम का नाम ओढ़े उसके घर की तंग सीढ़ियों की आख़िरी टेक पर ही खड़ा हूं!

काले पत्थरों की गुफा

पहाड़ी गांव के उस ऊंचे टीले पर उन दोनों के बीच छोटा-सा, बिल्कुल मुख़्तसर-सा एक संवाद हुआ था। मेरे लिए इस मुख़्तसर-से संवाद की कोई ख़ास अहमियत नहीं भी हो तो आप, जो इस वक़्त यह कहानी सुन या पढ़ रहे हैं, ज़रूर ही इसे जानने को उत्सुक होंगे। आपकी दिलचस्पी की ख़ातिर मैं उन दोनों के बीच का वह मुख़्तसर संवाद दुहराता हूं।

'क्या तलाश रहे हैं आप, इस संगरीली ज़मीन पर?'

'कुछ ख़ाब, अपने कुछ डरावने ख़ाब।'

'कैसे ख़ाब? कहां मिलेंगे ये, इन कंकरों के बीच?'

'यहीं तो खोये थे, कहीं। शायद मिल जाएं।'

बस इतना-सा संवाद। फिर दोनों टीले के पश्चिमी हिस्से वाली ढलान की तरफ़ मुड़ गए थे।

दो-तीन दिन बाद, एक शाम जब वो रेस्ट हाउस लौटे तो उनमें से एक के हाथ में रूमाल की एक पोटली थी।

चाय तलब करते हुए दोनों अपने कमरे में चले गए। वापिस लौटे तो चाय का पॉट तैयार था।

दोनों ख़ामोश थे। चाय पीते वक़्त, मुझे अच्छी तरह याद है, उनके बीच

कोई संवाद नहीं हुआ। सिर्फ़ एक बार उनमें से एक ने बरामदे वाली खिड़की बंद कर देने का इशारा किया था। खिड़की से सर्द हवा के झोंके आने लगे थे। इस वक़्त उनके बदन पर गर्म कपड़े नहीं थे।

चाय पी कर वो दोबारा अपने कमरे में चले गए।

रेस्ट हाउस का ख़ानसामा सोरेन जानता था, अब वो दोनों दस बजे के क़रीब खाने की मेज़ पर ही मिलेंगे। इसलिए वो भी निश्चिंत होकर अपनी कोठरी में चला गया। लेकिन उसका ध्यान अब तक उस पोटली पर ही टिका था। क्या चीज़ हो सकती है, इसमें। क्या कुछ पहाड़ी फूल, या जड़ी-बूटियां, जिनके लिए पहाड़ी गांव का यह टीला और आस-पास के जंगल इलाक़े मशहूर थे।

सोरेन ने सिर झटक कर जड़ी-बूटियों की बात दिमाग़ से निकाल दी, और फूलों की भी। ऐसा होता तो दोनों ने उससे इस बाबत ज़रूर पूछा होता। लेकिन वो तो सिर्फ़ यह जानना चाहते थे कि पहाड़ी टीले का वह हिस्सा कौन-सा है, जहां के पत्थर सबसे नुकीले और चमकदार होते हैं। और जिनको रगड़ने से आग की चिंगारियां पैदा होती हैं।

कई-कई सुबह सोरेन उन्हें वो जगह दिखाने ले गया, जहां आम तौर पर सैलानियों की नज़रें नहीं जातीं। या फिर सुनसान होने के कारण वो उधर का रुख़ नहीं करना चाहते। एक अजनबी ख़ौफ़ उन्हें रोक लेता था।

सोरेन को याद था, एक बार कोई नया जोड़ा रौ में घने पेड़ों से घिरे इस अंधेरे हिस्से में दाख़िल हो गया था। उस वक़्त रेस्ट हाउस के अमलों पर जैसे शामत आ गई थी।

सूरज डूबने तक उनका कोई पता नहीं चलने पर पड़ोस के गांव से

बीस-एक लोगों को बुलाकर इलाक़े-भर में उन्हें ढूंढ़ा गया था। आधी रात के क़रीब, घने पेड़ों के नीचे, उन्हें नीम-बेहोशी की हालत में गांव वालों ने ढूंढ़ निकाला था। उन पर अजीब डरावनापन तारी था। रेस्ट हाउस में उन्हें कोई देसी दवा पीने को दी गई थी। तब जाकर, कई घंटे के बाद, उनके होश ठिकाने आए थे।

इस घटना के बाद से सैलानियों का उधर जाना लगभग बंद हो गया था।

सरकारी अमलों ने भी मनाही के आदेश जारी किए थे।

तो फिर ये दोनों वहां से रूमाल की पोटली में क्या लेकर आए होंगे, सोरेन ने सोचा। जब वो रेस्ट हाउस से निकले थे तो उनके गले में कैमरा था, और छोटी-छोटी दो नोटबुकें थीं। बस, यही कुछ था। फिर वो रूमाल में बांधकर क्या लाए थे!

सोरेन इसी उधेड़बुन में था कि किचेन से किसी ने आवाज़ दी- 'खाना नहीं बनाना है क्या?' केयरटेकर मुर्मू रात की ड्यूटी पर आ गया था।

खाना बनाते वक़्त भी सोरेन के दिमाग़ में वह पोटली घूमती रही। क्या चीज़ हो सकती है उस पोटली में कि जिसे वो इतनी हिफ़ाज़त से लाए थे और सबकी नज़र से बचाकर कहीं रख आए थे। ख़ाहिश तो उसकी होती थी कि किसी बहाने उनके कमरे में जाकर खुद अपनी आंखों से तसल्ली कर ले। पर यह तभी मुमकिन था जब वो वहां न हों। इस वक़्त तो दोनों अपने कमरे में थे और दिन-भर के अपने अनुभव लिखने में व्यस्त। शायद सवेरे की चाय देते वक़्त या फिर कमरे की सफ़ाई कराते वक़्त वो यह काम कर सकता था।

खाने की मेज़ पर दोनों ख़ामोश-जैसे ही रहे। कोई ख़ास संवाद उनके बीच नहीं हुआ। उंगलियों के इशारे-भर से उन्होंने एक दूसरे से फल या सलाद की प्लेटें मांगीं।

सोरेन पास खड़ा उनके चेहरे पर छाए रहस्य की परतें भांपता रहा।

खाने के बाद वो थोड़ी देर लॉन में टहलते रहे। शायद अगले दिन का प्रोग्राम तय करने के बारे में उनके बीच कोई संवाद हुआ हो। लेकिन निश्चित होकर यह बात नहीं भी कही जा सकती। जब वो लॉन में टहल रहे थे, उनके कमरे खुले थे। एक क्षण के लिए सोरेन को ख़्याल आया क्यों नहीं वो देख ही आए आख़िर उस पोटली में क्या है। सोने से पहले उसकी चिंता तो कम-से-कम दूर हो जाएगी। पर उसे ऐसा करना ठीक नहीं लगा। रूमाल खोलकर देखने में कुछ वक़्त लग सकता था। इसी बीच वो अंदर आ गए तो! उसके प्रति उनका दो सप्ताह में उपजा विश्वास एकदम से टूटकर बिखर जाएगा। फिर तो वो अपने मेहमानों से नज़रें भी नहीं मिला सकेगा। यही सोचकर सोरेन ने उनके कमरे में जाने का इरादा तर्क कर दिया।

वैसे भी उसका अंदेशा सही था। दोनों कुछ ही देर में लॉन से लौट आए थे।

इस बार वो सीधे अपने कमरे में जाने की बजाय बाहर वाले बरामदे में बेंत की कुर्सियों पर ही बैठ गए। एक बार उन्होंने सोरेन को आवाज़ देकर कॉफ़ी लाने को कहा। कॉफी की ट्रे लेकर सोरेन आया तो उसे यह देखकर हैरत हुई कि दोनों के बीच बातचीत का सिलसिला जारी था। आज दिन-भर में शायद पहली या दूसरी बार।

सोरेन को उनकी बातचीत सुनने की उत्सुकता थी। शायद रूमाल का रहस्य उनकी बातचीत में खुल जाए। इसलिए कॉफ़ी देकर वो दरवाज़े से लगे स्टूल पर बैठ गया। यहां से वो उनकी बातें बखूबी सुन सकता था। दोनों दबी ज़बान में ही बातें करने के आदी थे।

'आख़िर इतने दिन हो गए, तुम यक़ीन के साथ कैसे कह सकते हो, ये उन्हीं की हैं।'

'मैं कह सकता हूं, यक़ीन के साथ, क्योंकि मैंने ममा की डायरी पढ़ी है,

एक-एक अक्षर पढ़ा है, उसका। उसने जो जगह लिखी है, अपनी डायरी में चट्टान के नीचे वाली जिस गुफा का ज़िक्र किया है, तुमने देखा नहीं, ये वहीं से मिली हैं। ममा ने लिखा है, उसने काले स्लैब वाली गुफा में ही इन्हें रख दिया था। काला स्लैब, यानी काले पत्थरों वाली सतह। फिर उसने सतह पर ढेर सारे नुकीले पत्थर डाल दिए थे। ममा ने यह भी लिखा कि नुकीले, चमकदार पत्थरों के रगड़ने से आग की चिंगारी पैदा हो रही थी, और कुछ शोर भी गूंजा था। आग का शोर उसने इससे पहले नहीं सुना था। उस दिन के बाद भी उसने आग से पैदा होने वाला शोर कहीं नहीं सुना। तुम्हें याद है ना, मैंने रेस्ट हाउस आते ही सोरेन से पूछा था, वो जगह कौन-सी है जहां सबसे ज़्यादा चमकदार और नुकीले पत्थर पाए जाते हैं। पत्थर, जिनके रगड़ने से आग की चिंगारियां पैदा होती हैं। यक़ीन मानो, यह वही गुफा है, जहां ममा ने वर्षों क़बल इन्हें काले पत्थरों की गोद में छिपा दिया था।'

'चलो माने लेती हूं। लेकिन यह तो कहानी का एक छोटा-सा हिस्सा मात्र है। तुमने कहा था, एक बार वो जगह मिल जाए और वो चीज़, जिसकी तुम्हें इस क़दर तलाश रही है, तो तुम मुझे कहानी का असली हिस्सा ज़रूर सुनाओगे। कहा था ना।'

'हां, ज़रूर कहा था। ज़रूर सुनाऊंगा तुम्हें वो कहानी जो इन तमाम वर्षों में मेरे दिमाग़ में आग की भट्ठी की तरह सुलगती रही है। पर इस वक़्त नहीं। क्या बहुत रात नहीं हो गई, पहले ही। कल भी तो हमें सुबह सवेरे ही निकलना है। चलो अब आराम करें, बाकी बातें कल होंगी।'

दोनों उठ गए। उनके साथ ही सोरेन भी उठ गया। लेकिन उसका मन पहले से ज़्यादा उद्विग्न था। पोटली का रहस्य जानने की उसकी ख़ाहिश तेज़ होती जा रही थी। सुबह के इंतज़ार के सिवा उसके पास कोई चारा नहीं था।

लेकिन सूरज उगने से पहले, पहाड़ का मौसम अचानक कुछ इस तरह बदला कि आसमान न सिर्फ़ बादलों से घिर गया बल्कि मूसलाधार बारिश भी होने लगी। पूरे दिन यही हाल रहा। बारिश ज़रा देर के लिए भी नहीं रुकी। हवा में ठंडक का असर तेज़ हो गया था। रेस्ट हाउस से बाहर निकलना मुमकिन नहीं था।

दोनों दिन भर शॉल में लिपटे बरामदे में बैठे रहे थे। थोड़ी-थोड़ी देर पर सोरेन चाय-कॉफ़ी देता रहा। शाम होने को आ गई, और बारिश के रुकने के आसार ख़त्म हो गए तो बरामदे से उठकर ड्रॉइंग रूम में आ गए।

छोटे-से ड्रॉइंग रूम के एक किनारे किचेन का दरवाज़ा खुलता था। सोरेन रात के खाने की तैयारी में लगा था। लेकिन उसका ध्यान ड्रॉइंग रूम में चल रही बातचीत पर लगा था।

संवादों की जो किताब उन्होंने पिछली रात बंद कर दी थी, वो इस वक़्त उनके सामने खुली पड़ी थी।

'मैं तो रात ही कह चुकी, मैंने मान लिया यह जगह वही है, और काले पत्थरों के बीच बड़ी हिफ़ाज़त से रखी निशानी भी उन्हीं की है। पर इससे असल कहानी कहां खुलती है। मुझे दरअसल वही जानने की ख़्वाहिश है।'

'ममा ने अपनी डायरी में लिखा था, रेस्ट हाउस के दोनों कमरे उस बार हमारे लिए ही बुक थे। एक हम दोनों के लिए, दूसरा उनके एक अख़बारी दोस्त के लिए। हम वहां सिर्फ़ तीन रातें गुज़ारने आए थे। दफ़्तर की तरफ़ से हमें पत्थरों के कुछ ख़ास नमूने इकट्ठा करने का निर्देश हुआ था। पहले दो दिन हम पहाड़ी टीले और आस-पास के जंगल इलाक़ों में घूमते रहे थे। लेकिन हमें वो जगह नहीं मिली जहां के पत्थर सख़्त, नुकीले और चमकदार बताए गए थे, और जिनके रगड़ने से आग की लपटें निकलती थीं। तीसरे दिन, सिर्फ़ हम दोनों पत्थरों की तलाश

में टीले की ओर निकले। उनका अख़बारी दोस्त रेस्ट हाउस में ही रुका रहा। उसे शायद कोई रिपोर्ट फ़ाइल करनी थी, उसी रोज़।

'ममा ने आगे लिखा था, दिन-भर की मशक़्क़त के बाद हम वो जगह ढूंढ़ने में कामयाब रहे थे। तेज़ चमकदार, नुकीले पत्थरों वाली जगह, जहां ऊपरी सतह की कंकरीली मिट्टी हटाते ही काले रंग के चमकदार पत्थर साफ़ दिखने लगे थे। जल्दी-जल्दी हमने पत्थरों के नमूने जमा किए। हमारे बैग पत्थरों से भर गये थे, और किसी क़दर वज़नी भी।

हम लौटना ही चाहते थे कि समीर ने धीमी आवाज़ में रुक-रुक कर मुझसे कहा, 'थर्मस में शायद थोड़ी कॉफ़ी बच रही हो... पी कर चलते हैं।'

'कॉफ़ी पीते-पीते वो काले पत्थरों वाली गुफा में मेरे बिल्कुल क़रीब आ गया। मेरे कंधों पर हाथ रखकर कुछ-कुछ घबराई-सी आवाज़ में उसने कहा, 'रोहित... तुम्हें कैसा लगता है... मेरा मतलब... दिलचस्प आदमी है...'

'लेकिन तुम मुझसे यह सवाल क्यों पूछ रहे हो?'

'नहीं... यूं ही। मुझ से कह रहा था, उसने मेरे तमाम कामों की अच्छी तरह स्टडी की है। एक लंबी रिपोर्ट भी उसने पहाड़ पर मेरे रिसर्च को लेकर लिखी है। आज ही शायद वो इसे भेजने वाला है। दो-तीन क़िस्तों में छपेगी। कह रहा था, रिपोर्ट के छपने पर इस वर्ष का प्रकृति-सम्मान मुझे ही मिलेगा। काले पत्थरों की खोज से इसकी संभावना और बढ़ गई है।'

'वो तो सही है, पर तुम... कहना क्या चाहते हो...?'

'नहीं, कुछ नहीं। कल सवेरे हम वापिस लौट चलेंगे। आज रात... क्या तुम... थोड़ा वक़्त... रो...हित के साथ गुज़ार सकती हो? वो कहता

था... तुम...उसे...बहुत अच्छी... लगती हो...'

ममा ने अपनी डायरी में लिखा था, इसके आगे वो और कुछ नहीं सुन पाई।

कॉफ़ी का प्याला और थर्मस समीर के हाथों में थमाकर ममा बोली, तुम रेस्ट हाउस चलो, मैं आती हूं।

उसके जाने पर वो देर तक काले पत्थरों वाली उस गुफा में बैठी रही। तेज़, नुकीले चमकदार काले पत्थरों के बीच, जिनके आपस में टकराने से आग की चिंगारियां पैदा होती हैं, और अंधेरी रातों में भी रौशनी के धमाके सुनाई पड़ते हैं।

ममा लौटकर रेस्ट हाउस नहीं गई। ढलान के नीचे उतर आई।

वन विभाग के किसी अफ़सर की जीप से उसने शहर की लिफ़्ट मांगी।

अफ़सर ने ममा की कलाइयों से खून बहता देखकर उसे आगे की सीट दे दी और अपने रूमाल से उसके जख़्मी हाथों पर पट्टी भी बांध दी।

'कैसे हुआ यह?' अफ़सर ने पूछा।

'बस ज़रा फिसल गई थी। नुकीले पत्थरों पर हथेलियों के बल गिर गई। कोई ख़ास चोट नहीं है। आपने लिफ़्ट दी, इसका शुक्रिया।'

मैं उन दिनों देहरादून के एक बोर्डिंग स्कूल में था। छुट्टियों में घर आने पर देखा, ममा का घर बदल गया है और वो तन्हा हैं। पापा से उनका कोई रिश्ता नहीं रह गया है।

पूरी पढ़ाई के दौरान, मैंने ममा से कभी नहीं पूछा वो अकेली क्यों हैं। पापा से उसके रिश्ते कैसे टूटे। सोचता हूं, पूछता भी तो शायद वो मेरे सवाल का जवाब ख़ामोशी से ही देतीं।

लेकिन पढ़ाई ख़त्म करके जब मेरी इस महकमे में नौकरी हुई और मैं

अपनी ड्यूटी के सिलसिले में तुम्हारे इस पहाड़ी गांव की तरफ़ आने को हुआ, तो अचानक ममा ने अलमारी से अपनी डायरी निकाल कर मुझे दी। इस डायरी में रेस्ट हाउस के उन तीन दिनों की कहानी दर्ज है, अभी मैंने तुम से जिसका ज़िक्र किया।'

सोरेन इससे आगे अपना धैर्य बनाए नहीं रख सका।

तक़रीबन भागता हुआ वो उनके कमरे में गया।

बेचैन नज़रों से इधर-उधर देखने पर उसे बिस्तर में तकिये के नीचे रूमाल की वह पोटली दिखाई दी।

एक झटके में उसने पोटली खोल दी।

सोरेन की आंखें हैरत से फटी रह गईं।

बिस्तर पर कांच की रंगीन चूड़ियों के बेशुमार टुकड़े बिखरे थे!

आख़िरी ख़त

तुम्हारे नाम यह मेरा आख़िरी ख़त है। आज के बाद मैं तुम्हें कोई ख़त नहीं लिख सकूंगा। चाहूं तो भी नहीं। जितने ख़त मैंने अब तक तुम्हें लिखे हैं, सब इसी शहर में रहते-रहते लिखे हैं। एक भी ख़त कहीं और से नहीं लिखा।

इन ख़तों में कितने डाक के सुपुर्द हुए, मुझे ठीक-ठीक पता नहीं। कितने तुम्हारे हाथों तक पहुंचे, इसका भी कोई हिसाब मुझे नहीं मालूम।

ख़तों की रसीद भेजने में तुम्हारा यक़ीन होता तो मैं शायद इन बातों पर कोई रोशनी डाल सकता।

मैंने ऊपर कहा कि तुम्हारे नाम यह मेरा आख़िरी ख़त है। दरअसल, इस शहर में मेरी ज़िंदगी का यह आख़िरी दिन है। कल मैं इस शहर में नहीं रहूंगा। कहां चला जाऊंगा, तुम अगर पूछने की ज़हमत उठाओ भी तो शायद मैं ख़ुद नहीं बता पाऊं।

पर कोई यह सवाल मुझसे पूछेगा ही क्यों!

आज मेरे दिल पर एक अजीब बे-यक़ीनी छायी है, इस शहर का यह आख़िरी दिन कैसे गुज़ारूं। और फिर इस शहर की यह आख़िरी रात। दिन गुज़ारने की तफ़सील जानने में शायद तुम्हारी दिलचस्पी नहीं हो। घर

से कॉलेज जाने और फिर घर लौटने तक का ब्योरा तुम्हें या किसी को भी कौन-सी राहत दे सकेगा।

मैं मान लेता हूं कि इस शहर का अपना यह आख़िरी दिन मैंने किस तरह गुज़ारा, इसमें तुम्हारी दिलचस्पी नहीं! लेकिन, रात! हां रात की तफ़सील जानने में शायद तुम्हारी दिलचस्पी हो।

दरअसल, मेरे-तुम्हारे बीच बरसों-बरस पनपने वाले रिश्तों में रात की तन्हाइयों ने जो रोल अदा किया है, किसी और चीज़ ने नहीं किया। सो, तुम शायद ज़रूर ही यह जानना चाहो कि इस शहर की यह आख़िरी रात मैंने कैसे और कहां गुज़ारी।

चूंकि कल मुझे इस शहर में नहीं रहना, बल्कि हमेशा-हमेशा के लिए इस शहर की सरहदों को छोड़कर कहीं आगे चला जाना है (कहां, यह इस वक़्त खुद मुझे नहीं मालूम) इसलिए मेरी ख़्वाहिश होती है कि इस शहर में गुज़री अपनी इस आख़िरी रात की तफ़सील तुमसे ज़रूर बयान कर दूं।

तुमको याद होगी इस शहर के एक किनारे नदी पास की वह रेतीली ज़मीन, जहां शांत लहरों की थपकियों के बीच हम और तुम कई-कई बार डूबते सूरज की आख़िरी किरणों को निहारा किए हैं। पानी की लहरों का कोई बे-अदब रेला कभी-कभी हमारे बहुत क़रीब आकर हमें अच्छी तरह भिगोता रहा है, तुम्हें याद है ना? फिर हम देर तक अपने कपड़ों पर फैल गई भीगी रेत को हटाते रहे हैं। रेत कभी बदन और हमारे कपड़ों से उड़कर हमारे चेहरों पर बैठ जाती रही है और हम थोड़ी देर के लिए बेचैन-से होते रहे हैं।

वहीं, नदी पास की उसी रेतीली ज़मीन पर इस शहर की अपनी यह आख़िरी शाम, या शायद यह आख़िरी रात, गुज़ारने की ख़ातिर मैं यहां आया हूं।

मेरी आंखों के सामने इस शहर की इस आख़िरी शाम का आख़िरी सूरज डूबने-डूबने को है।

इस वक़्त जब कि मैं इस आख़िरी सूरज के डूबने का मंज़र अपनी आंखों से देख रहा हूं, मेरे ज़ेहन में तुम्हारे साथ देखे गए सूरज के डूबने के पिछले सारे मंज़र बिजली की तरह कौंध रहे हैं।

इस वक़्त जब मैं इस शहर में अपनी यह आख़िरी रात गुज़ारने नदी पास की रेतीली ज़मीन पर बैठा हूं, मेरा इरादा हरगिज़ नहीं है कि मैं तुम्हारे साथ यहां गुज़ारी अपनी अनगिनत शामों की कैफ़ियत दोबारा तुम पर ज़ाहिर करूं। मुमकिन है, तुम इन शामों की उदासी में दोबारा सांसें लेना नहीं भी चाहो, लेकिन मुझे यहां तुम्हारी नहीं सिर्फ़ अपनी बात कहनी है। इसलिए मैं क्यों चाहूंगा आख़िर कि अनगिनत शामों की तरह इस शहर में गुज़रने वाली मेरी इस आख़िरी शाम में माज़ी की तस्वीरों के बीच तुम्हारी आंखें दोबारा नम हो जाएं, या तुम्हारी आंखों से टपकने वाली खारे पानी की बूंदें फिर से मेरे एहसास की तपती रेत पर गिरकर बिखर जाएं।

लेकिन मेरे इस ख़त में जो तुम्हारे नाम इस शहर से लिखा गया मेरा आख़िरी ख़त है, अगर तुम्हें मेरी कुछ तल्ख़ यादों की परछाइयां नज़र आ जाएं तो इनका बुरा नहीं मानना। बस इन्हें मेरी तरफ़ से तुम्हारे नाम लिखा गया आख़िरी ख़त समझ कर नज़रअंदाज़ कर देना। इससे आगे कुछ सोचना नहीं, यही मेरी तुमसे इल्तिजा है।

जैसा मैंने आगे कहा या लिखा, मैं जहां बैठा हूं, मेरे सामने इस शहर का आख़िरी सूरज बस कुछ मिनटों में ही डूबने वाला है। इसकी लाल-सुर्ख़ किरणें बस कुछ लम्हों में ही नदी के उस किनारे, दूर-दूर तक फैले

हरे-भरे खेतों की गोद में छिप जाएंगी। मैं जानता हूं, मुझे सूरज के डूबने का यह मंज़र बेचैन कर देगा, क्योंकि इस शहर की इस आख़िरी शाम मेरे साथ कोई नहीं होगा, जो इस डूबते सूरज की आख़िरी किरणों को अदृश्य होते देख अपनी हथेलियों से मेरी आंखें ढंक ले।

'लोग कहते हैं, सूरज को अंधेरी खाई में गिरते देखना अशुभ है।'

अपनी हथेलियों से मेरी आंखें ढंकते वक़्त अक्सर तुम्हारी ज़बान से ये अल्फ़ाज़ अदा होते रहे हैं।

'अंधेरी खाई में कहां गिरता है सूरज! वह तो बस एक करवट लेकर हरे-भरे खेतों में उगी फ़सलों के बीच छिप जाता है, कुछ घंटों के बाद दोबारा अपना सफ़र शुरू करने के लिए। सूरज की इस करवट को अशुभ कैसे कहेंगे?'

मुझे याद है, मैं अक्सर कुछ इन्हीं शब्दों में तुम्हारी आपत्तियों को रद्द करने की कोशिश करता रहा हूं। तुम्हारी हथेलियां फिर भी मेरी बेचैन आंखों को ढंके रहती हैं।

एक बार, शायद तुम्हें याद हो, आसमान पर छाये बादलों के एक आवारा टुकड़े ने खेतों की गोद में गिरते सूरज को पूरी तरह अपनी मुट्ठियों में बंद कर लिया था। हम दोनों कुछ लम्हों के लिए कांप गए थे। हमारे शहर का सूरज डूबने के पहले ही काले धब्बों की ओट में छिप गया था।

उस दिन तुमने अपनी हथेलियों से मेरी आंखों पर साया करने की ज़रूरत महसूस नहीं की थी। हम और तुम, दोनों ख़ामोश, आसमान के उस हिस्से की तरफ़ देखते रहे थे, जहां आवारा बादलों ने सूरज को अपने अंधेरे से ढंक लिया था।

मुझे नहीं मालूम, उस दिन और क्या हुआ था, पर मेरी और तुम्हारी आंखों ने कुछ लम्हों के बाद ही देखा कि सूरज आवारा बादलों की

मुट्ठी से निकलकर दोबारा आसमान और ज़मीन जहां मिलते हैं वहां दूर-दूर तक फैल गया और इसकी लाल-सुर्ख़ किरणों ने पूरे क्षितिज को अपने विशाल दायरे में समेट लिया।

तुम्हारे लिए यह मंज़र देखकर अपनी हैरानी और ख़ुशी रोक पाना मुश्किल था। बेतहाशा तुमने अपनी मुट्ठियों में रेत भर ली थी। तुम्हारे तेज़ क़दम नदी की लहरों पर सवार होकर वहां पहुंच गए थे, जहां पानी की धार सबसे ज़्यादा तेज़ होती है और जहां नदी की गहराई मापने में तजुर्बाकार मछुआरे भी कभी-कभी धोखा खा जाते हैं।

उस दिन मैंने आश्चर्यचकित होकर तुम्हें नदी की लहरों से खेलते हुए देखा था। तुम्हारे चेहरे पर हमेशा नज़र आने वाली मुस्कुराहट आज एक मासूमियत बनकर उभर रही थी। मैंने देखा, नदी की गहराई में अपने पैर जमाए तुमने अपने दोनों हाथ क्षितिज की ओर फैलाए, अपनी मुट्ठियां खोलीं और रेत के ज़र्रों को हवा में उछाल दिया।

तुम्हारी मुट्ठियों में बंद रेत के ज़र्रे थोड़ी देर नदी की फ़िज़ाओं में उड़ते रहे। तुम्हारी आंखें फ़िज़ाओं में तैरते रेत के ज़र्रों को निहारती रहीं। ज़रूर ही तुमने इन ज़र्रों को नदी की लहरों पर गिरते देखा होगा।

लेकिन उस दिन जब तुम्हारे क़दम मेरे पास लौटे, तुम्हारी आंखें एक नये हौसले का पता दे रही थीं।

'देखो, आज सूरज ने घनेरे बादलों से बाहर निकल कर एक नयी ज़िंदगी का पता दिया है। मेरी मायूसियां ख़त्म हो गई हैं। हम और तुम इस नयी ज़िंदगी की राह में एक साथ चलेंगे। हमारे बीच और कोई नहीं आएगा, कोई नहीं।'

तुम्हें याद होगा, तुमने जब ऐसा कहा, मैंने तुम्हारे होंठों पर अपनी उंगलियां रख दी थीं। वक़्त उस दिन जैसे ठहर गया था। सूरज की

लाल-सुर्ख़ किरणें देर-देर तक क्षितिज पर छायी रही थीं। नदी के उस किनारे, दूर-दूर तक फैले, फ़सलों की खुशबुओं से महकते खेतों को उस शाम देर तक सूरज के ज़मीन पर उतरने का इंतज़ार करना पड़ा था।

वही सूरज, थोड़ी देर बाद, इस शहर में मेरी इस आख़िरी शाम, आज फिर डूबने-डूबने को है। नदी पास की रेतीली ज़मीन पर बैठा-बैठा मैं इस शहर में अपनी आख़िरी शाम, और शायद आख़िरी रात, गुज़ारने की बात सोच रहा हूं।

नदी पूरी तरह शांत है। इस वक़्त इसकी लहरों में कोई हलचल नहीं। देखो, कितनी देर से मैं नदी पास की इस रेतीली ज़मीन पर पसरा हूं, लेकिन नदी की कोई एक लहर, भूले-भटके भी, मेरा बदन भिगोने नहीं आई। मेरे नंगे पैरों से लिपटे रेत के ज़र्रे मुझे अपनी तपिश का एहसास कराते हैं। मेरी आंखें आसमान के उस हिस्से पर टिकी हैं, जहां आसमान ज़मीन को गले लगाता है, और जहां इस शहर का सूरज अपने थकान-भरे सफ़र के बाद, दूर तक फैले खेतों की खुशनुमा फ़सलों की गोद में छिप जाने के हर मुमकिन जतन करता है, और जहां ओस की मख़मली चादर उसके तपते बदन को पूरी तरह ढंक लेती है।

मैंने अच्छा नहीं किया कि तुम्हें इस शहर की आख़िरी रात किसी तपते बदन पर फैली मख़मली चादर की याद दिला दी। वह किसी डूबने वाले तन्हा सूरज का तपता बदन नहीं है, जिसे ओस का मख़मली आंचल अपनी सलवटों में छिपा लेता है।

तुम्हें याद होगा, ज़रूर ही याद होगा, कि बदन तो सूरज के अलावा हमारे भी तपते रहे हैं। हमारी सांसें भी सूरज की लाल-सुर्ख़ किरणों की तरह

नदी पास की रेतीली ज़मीन पर बिखरती रही हैं। हम भी, अक्सर नदी की तेज़ बहती धार को अपनी बेताब हथेलियों से रोकते हुए अपने चेहरों पर कुछ छींटें डालते रहे हैं। उसी तरह, जैसे सूरज ओस की बूंदों से अपने चेहरे पर फैली तपिश दूर करता है।

लेकिन इस शहर से तुम्हारे नाम लिखे इस आख़िरी ख़त में अपने तपते बदन पर पानी की छींटों का इस तरह ज़िक्र करने के पीछे मेरा मक़सद क्या है? मैं तो इस ख़त में सिर्फ़ अपनी बात लिखने का इरादा रखता हूं। मेरी नज़रें लगातार नदी पार ज़मीन के उस हिस्से पर टिकी हैं, जहां बस कुछ मिनटों में ही सूरज आसमान से उतरने वाला है। फिर मैं अपने इरादे से हटकर अपने और तुम्हारे एक साथ गुज़ारे लम्हों का ज़िक्र इस ख़त में बार-बार क्यों कर रहा हूं? इसकी वजह मेरी समझ में नहीं आती।

हो सकता है, बल्कि अवश्य ही ऐसा होगा, कि तुम्हें इस तरह इस ख़त में अपने और मेरे ज़िक्र से कुछ उलझन-सी महसूस हो रही हो। हो भी तो क्या! मैं किसी मंसूबे या मक़सद के तहत तो ऐसा नहीं कर रहा। अपनी बात कहता हूं तो बेझिझक तुम्हारी बातें इसमें शामिल हो जाती हैं। बिल्कुल उन सांसों की तरह, जिन्हें एक-दूसरे से अलग करने की तमाम कोशिशें हमेशा बेअसर होती हैं।

देखो, सूरज के डूबने में अब बस कुछ ही लम्हे बच रहे हैं। तुमने नदी पास की इस रेतीली ज़मीन पर बैठे-लेटे, कई-कई बार, अपनी आंखों से यह मंज़र देखा है। देखो, परिंदे झुंड बनाकर नदी के इस पार से उस किनारे की तरफ़ जा चुके हैं। उन्हें पता है, थोड़ी देर में सूरज की लाल-सुर्ख़ किरणें हरे-भरे खेतों की तहों में गुम हो जाएंगी। और नदी के सीने पर रात की तारीकी का शामियाना तन जाएगा।

हम और तुम कई-कई शामें एक-साथ इस शामियाने तले गुज़ार चुके हैं। इस लम्हा जबकि मैं तुम्हें अपना यह आख़िरी ख़त लिख रहा हूं, मेरे

दिल में और शायद तुम्हारे दिल में भी, उन एक साथ गुज़ारे लम्हों की यादें बिल्कुल ही ताज़ा होंगी। वक़्त की कोई नामेहरबां परछाई भी इन यादों की ताज़गी को छू नहीं पायी है।

सूरज के डूबने में अभी शायद कुछ देर है। उसकी लाल-सुर्ख़ किरणें आसमान के एक ख़ास हिस्से में आकर ठहर गई हैं। उनके नीचे उतरने और ज़मीन की गोद में छिप जाने की रफ़्तार धीमी पड़ गई है।

'डूबते क्यों नहीं सूरज! नदी उस पार फ़सलों से भरे खेतों की गोद कब से तुम्हारी राह देख रही है। परिंदों के झुंड कब के नदी उस किनारे अपने घोंसलों की तरफ़ जा चुके हैं। रात की तारीकी नदी के सीने पर अपना शामियाना खड़ा करने को बेताब है। और तुम हो कि डूबते नहीं। डूबते क्यों नहीं, मेरे शहर के सूरज!'

मेरी ज़बान से ये अल्फ़ाज़ अदा नहीं हुए। लेकिन तुमको तो पता है, सूरज तक अपनी आवाज़ पहुंचाने के लिए अल्फ़ाज़ का अदा करना ज़रूरी नहीं। तुम ही कहो, मेरी आवाज़ सूरज तक पहुंची ना!

नींद से बोझिल होती अपनी आंखों को ज़िंदा रखने के लिए मैं इन आंखों में क़रीने से सजाकर रखे अनगिनत सपनों को कुरेदने की कोशिश करता हूं। घबराओ नहीं, मैं तुम्हें उन सपनों की याद नहीं दिलाऊंगा। उन सपनों की भी नहीं, जो मैंने अकेले नहीं देखे हैं।

मैं सपनों की दुनिया में ही हूं कि मुझे नदी की ख़ामोश लहरों पर यकायक कुछ हलचल-सी उभरती महसूस हुई है। मैं जानता हूं, इस शहर में मेरी यह आख़िरी रात गुज़र रही है। कल मैं इस शहर का हिस्सा नहीं रहूंगा। इसलिए मैं अब यहां इस नदी की लहरों पर अचानक उभरने वाली हलचल से अपने आप को बिल्कुल अलग रखना चाहता हूं। लेकिन मैं रेतीली ज़मीन पर पसरे-पसरे अपनी आंखें डूबते सूरज से हटाकर नदी की लहरों की तरफ़ देखने को मजबूर हूं।

मेरी आंखें देखती हैं, एक नाव, धीमे-धीमे, नदी की लहरों पर बहती, जहां मैं रेतीली ज़मीन पर अपनी आंखें खोले पड़ा हूं, वहीं आकर रुक जाती है।

मेरे सपनों की कड़ियां यकायक टूट रही हैं। कांच के टुकड़ों की तरह, वो नदी के पास की रेतीली ज़मीन पर बिखर रही हैं।

मैं देखता हूं, एक सफ़ेद काया नाव के बीच से उभर कर नदी के पास की रेतीली ज़मीन पर अपने पांव रखती है। जहां मैं इस ज़मीन पर पसरा हूं, वहां से बस थोड़ी दूर।

मेरी आंखें धुंधला रही हैं। नदी पहले जैसी शांत हो गई है। इसकी हलचलें थम गई हैं।

सूरज अब भी वहीं टिका है, जहां वह थोड़ी देर पहले टिका था। उसकी लाल-सुर्ख़ किरणें अब भी खेतों की सेज से दूर हैं। रात अब भी अपने हाथों में तारीकियों का शामियाना थामे खड़ी है।

तुम्हारे नाम मेरा यह आख़िरी ख़त है, जो मैं इस शहर में अपनी इस आख़िरी शाम लिख रहा हूं। कल मैं इस शहर में नहीं रहूंगा। कहां जाऊंगा, इस वक़्त ख़ुद मुझे नहीं मालूम। तुम मुझसे पूछना भी चाहो तो इस वक़्त मेरे पास तुम्हारे इस सवाल का कोई जवाब नहीं।

घबराओ नहीं, आज के बाद तुम्हें कोई नदी पास की इस रेतीली ज़मीन पर अपने साथ गुज़ारे लम्हों की याद नहीं दिलाएगा।

लेकिन नाव से उतरकर नंगे पांव रेत पर चलती हुई मेरे क़रीब आने वाली यह सफ़ेद काया किसकी है? कौन है, जिसने मेरे क़रीब, बिल्कुल क़रीब आकर अपनी हथेलियों से मेरी आंखें ढंक ली हैं।

'सूरज को अंधेरी खाई में गिरते देखना अशुभ है, लोग कहते हैं।'

मेरे कानों में कोई आवाज़ गूंज रही है।

मेरी आंखों से तुम्हारी हथेलियों का साया हट गया है। मैं देख रहा हूं, सूरज की लाल-सुर्ख़ किरणें हरे-भरे खेतों की गोद में छिप गई हैं। ओस की मख़मली चादर ने सूरज के तपते बदन को पूरी तरह ढंक लिया है।

हर रोज़ की तरह, आज फिर नदी के सीने पर रात का शामियाना तन गया है!

लम्हे

घाट से लौटकर मैंने मां जी के दिए दोनों पोस्टकार्ड निकाले। उनपर मां जी के निधन की तारीख़ लिखी। यह भी लिखा कि उन्हें आगे मां जी के लिए पैसे भेजने की ज़रूरत नहीं। हां, लिखते वक़्त मैं यह लिखना नहीं भूला कि मां जी की चिता को आग मैंने दी।

डाकघर में मां जी के दोनों बेटों के नाम लिखे पोस्टकार्ड गिराकर मैंने अपनी डायरी के पन्ने खोले।

शायद हम काफ़ी डर गए हों। हमारे पास भूमिगत आंदोलन के साहित्य का जख़ीरा था, जिसे हम हर हालत में मंज़िल तक पहुंचाना चाहते थे।

पुलिस के जवान हमारा पीछा करते गली के मोड़ तक आ गए थे। गली अंधेरी नहीं होती, और उस पर दोनों तरफ़ की ऊंची-ऊंची इमारतों की परछाईं नहीं होती, तो पुलिस वाले यक़ीनन यहां भी आ धमकते। अंधेरी गली में क़दम रखने की हिम्मत उन्हें शायद नहीं थी।

हम लेकिन पूरे तौर से डरे हुए थे। एक मकान के ओटे पर ज़रा देर को रुक कर हम तसल्ली कर लेना चाहते थे कि पुलिस वाले अब भी हमारा

पीछा कर रहे हैं या नहीं। गली में उनके क़दमों की चाप नहीं सुनाई दे रही थी। तो भी हम पुलिस के तौर-तरीक़ों से इस क़दर वाक़िफ़ थे कि कोई चूक नहीं करना चाहते थे।

थोड़ी देर ओटे के नीचे इत्मीनान की सांस लेकर हम वापिस गली में आना ही चाहते थे कि सामने के मकान का बाहरी दरवाज़ा खुला। एक झुके बदन वाली ज़ईफ़ औरत हाथ में पानी का ख़ाली बर्तन लिए बाहर आ गई थी। दरवाज़े के ठीक सामने हमें देखकर पहले तो वो ठिठकी, फिर कांपती आवाज़ में पूछा- 'कौन हो तुम? यहां क्यों खड़े हो?'

'मां जी, हम रास्ता भूल गए हैं। बाहर के रहने वाले हैं। हमारी एक मौसी इधर ही कहीं रहती हैं। उन्हीं का घर तलाश रहे हैं। शाम हो गई है। इस वक़्त कैसे पता मिलेगा, यही सोच रहे हैं।'

'ऐसा करो, मेरे पास रुक जाओ। सवेरे उनका घर खोज लेना। अंधेरे में कहां भटकोगे। पास वाले मोड़ पर नल से थोड़ा पानी लेकर आती हूं। चाहो तो मेरी कोठरी में बैठ सकते हो।'

'मां जी, हमें बताइए पानी कहां से लाना है, हम ले आएंगे।'

हमने ज़ईफ़ औरत के हाथ से पानी का बर्तन ले लिया। लेकिन नल का जो रास्ता उसने बताया वो उसी मोड़ की तरफ़ जाता था, जहां थोड़ी देर पहले पुलिस वाले हमारा पीछा करते आ गए थे। कहीं वो अब भी हमारी टोह में न हों, और हमारे गली से बाहर आने का इंतज़ार न करते हों। ऐसे में तो हम आसानी से दबोच लिए जाएंगे। यह अंदेशा हमें सताने लगा।

बर्तन हमारे हाथों में देकर औरत वापिस कोठरी में चली गई थी। दरवाज़ा उसने ज़रूर हमारे लिए खुला छोड़ दिया था।

थोड़ी देर हम गली में खड़े सोचते रहे। हमने तय किया कि मोड़ पर नल से पानी लेने नहीं जाएंगे। पानी फिर आएगा कहां से। हमने सोचा, दो-तीन मकान आगे किसी दरवाज़े पर दस्तक देकर पानी ले लिया जाए।

पानी लेकर हम कोठरी में आ गए। औरत एक तसले में चावल धो रही थी। बगल में किरासन-स्टोव रखा था। हमने कमरे में नज़र डाली। साधारण, मध्यम साइज़ का कमरा, दोनों तरफ़ बड़ी-बड़ी खिड़कियां। एक खिड़की अंदर आंगन की तरफ़ खुलती, जहां इस वक़्त अंधेरा छाया था। कमरे की दीवार से लगी एक चटाई बिछी थी। एक और चटाई दरवाज़े के पास रखी थी।

'चटाई बिछा लो, मैं खाना बनाती हूं। खाकर सोना।' औरत ने कहा।

'हम आपकी क्या मदद करें, मां जी', हमने औपचारिकता निभाई।

'तुम मेरे बेटों की तरह हो। मैंने उनसे भी कभी कोई मदद नहीं ली। तुमसे कैसे लूं! फिर एक दिन के लिए तुम मेरी क्या मदद करोगे? मुझे तो अकेले ही अपनी बची हुई ज़िंदगी काटनी है।'
औरत की आवाज़ कांपने लगी थी।

हम दोनों औरत के क़रीब सिमट आए थे। स्टोव हमने ही जलाया और थालियां भी साफ़ कीं।

नमकीन गीले भात के कौर उस रात हमारे हलक़ में अनोखा स्वाद पैदा कर रहे थे। औरत ने हमारे लिए थालियां परोसीं, खुद तसले में ही खाया।

'एक बार बड़ा बेटा आया था, दो थालियां, दो गिलास रख गया था। मैंने कभी इस्तेमाल नहीं किया। मेरे लिए तो यह तसला ही काफ़ी है। और कितने दिन भगवान इम्तेहान लेगा, मेरे दिन कब पूरे होंगे, यही सोचती हूं।'

खाने के बाद काफ़ी देर तक वो अपनी ज़िंदगी की किताब उलटती

रही। अपना घर कलकत्ता में बताया। खुशहाल परिवार। सड़क हादसे में पति को गुज़रे दस बरस हो गए। पेंशन की राशि उसकी ज़रूरतें पूरी करने को काफ़ी। बेटे रोज़गार से लगे। पहले तीन बरस तो बेटों के साथ रही। बहुएं आ गईं, तो आहिस्ता-आहिस्ता घर का माहौल बदलने लगा। फिर एक दिन उसने अचानक काशी में बस जाने का फ़ैसला कर लिया। सोचा था, बेटे मां का रास्ता रोक कर खड़े हो जाएंगे, और किसी क़ीमत पर उसे काशी में अकेले रहने की इजाज़त नहीं देंगे। लेकिन ऐसा दरअसल हुआ नहीं। बेटे हंसी-खुशी उसे काशी जानेवाली ट्रेन पर बिठा आए। बहुएं बच्चों के होमवर्क के नाम पर घर में ही रह गईं।

सब को मालूम था, मां काशी सिर्फ़ इसलिए जा रही है कि वहां ज़िंदगी की कमियों का एहसास अपने आप दूर हो जाए, और जो कोई अनजान में भूलें हुई हों, उनका प्रायश्चित भी हो जाए। काशी, जन्नत की सीढ़ी जो ठहरी!

यहां आए सात बरस हो गए थे उसे। हर महीने, बारी-बारी से, दोनों बेटे उसे खर्चा-पानी के लिए मनीआर्डर भेज देते। न ज़्यादा न कम। बस इतना कि उसकी दो शाम की ख़ोराक निकल आए। कपड़े, कुछ नगद पैसे भी, खांसी-जुकाम की दवा के लिए।

बेटे शायद सोचते हों, ज़्यादा आराम देने से मां की उम्र कहीं ज़्यादा लंबी न हो जाए!

पहले एक-दो साल बेटे भूले-भटके आ जाया करते। फिर उनकी जिम्मेदारियां बढ़ती गईं। बच्चों की पढ़ाई। घर-दफ़्तर की व्यस्तता। छुट्टियों में बहुओं के अपने कार्यक्रम।

इधर वो भी अकेलेपन की आदी हो गई थी। बेटे और उनके बच्चे उसे

ज़रूर याद आते थे। कभी तो इस शिद्दत से कि वो सोते में भी चौंक कर उठ बैठती, और रात के अंधेरे में ही रास्ता टटोलते घाट पहुंच जाती।

सूरज उगने तक वहीं घाट की सीढ़ियों पर बैठी लहरों के शोर सुनती रहती।

इधर तीन वर्षों से कोई नहीं आया। आख़िरी बार छोटा बेटा आया, तो दो सादा पोस्टकार्ड छोड़ गया, जिन पर दोनों भाइयों के पते लिखे थे। कहने लगा, मरते वक़्त इन्हें किसी से पोस्ट करवा देना। हम समझ जाएंगे, तुम नहीं रही। फिर हम पैसे भेजना बंद कर देंगे।

'मैंने पोस्टकार्ड संभालकर रख लिया है। आंख मूंदने से पहले पास-पड़ोस में किसी के ज़िम्मे लगा दूंगी। जो इन्हें पोस्ट कर देगा...'

'कहां हैं, ये पोस्टकार्ड, हमें दिखाएंगी।'

औरत ने चटाई के सिरहाने क़रीने से रखी किसी मोटी किताब के पन्ने उलटकर दोनों पोस्टकार्ड निकाले। काली स्याही में इन पर बेटों के स्थायी पते लिखे थे।

रात आधी से ज़्यादा बीत चुकी होगी। पुलिस के साथ दिन-भर की भाग-दौड़ में जो थकान पैदा हुई थी, वो इस वक़्त हमारी आंखों में आकर बैठ गई थी।

सुबह के शायद चार बजे हों कि हम चौंक कर उठ बैठे थे। चटाई पर सिमटी औरत की सांसें तेज़-तेज़ चल रही थीं। बार-बार उठकर बैठने की कोशिश करती थी। पूरा बदन बुरी तरह कांप रहा था।

हम घबराए-से उसके सिरहाने बैठे थे कि उसने सीने के दर्द पर क़ाबू करते अपनी आंखें खोल दीं।

'मेरा समय आ गया है, शायद। तुम कौन हो, मैं नहीं जानती। इस वक़्त मेरे पास हो, मेरे बेटों की तरह। तुम ही मेरी चिता को आग देना, तुम ही...।'

मैं चौंक गया। मुझे अपना असली नाम, अपनी असली कोख याद आ गई।

'मां जी, मैंने झूठ कहा था, मैं अंजनी नहीं हूं... मैं तो...'

'मैं जानती हूं, तुम क्या कहोगे। यही ना कि तुम ये काम कैसे कर सकते हो। तुम अंजनी नहीं, दरअसल कुछ और हो। क्या फ़र्क़ पड़ता है, अगर तुम अंजनी नहीं, कुछ और ही हो।... इस वक़्त तो तुम मेरे बेटों की तरह हो। तुम्हें ईश्वर ने इसीलिए तो मेरे पास भेजा है कि मरते समय मेरे पास रहो... तुम कैसे 'ना' कह सकते हो, बेटा... याद रखना, मेरे मरने पर मेरे बेटों को पोस्टकार्ड ज़रूर भेज देना। उन्हें नाहक़ परेशानी होगी... उनके पैसे बर्बाद होंगे। उन्हें ज़िम्मेदारी भी तो निभानी है, अपने बच्चों की, अपने परिवार की।'...

उसकी आवाज़ घरघराने लगी थी, और गला रुंध गया था।

पानी के तसले से कुछ बूंदें हमने उसके बंद हो रहे गले में टपकाईं।

ज़बान और होंठों को तर किया।

गाल पर ढलक आए नमकीन क़तरों को अपनी हथेलियों से पोछा।

ये उसकी जिंदगी के आख़िरी कुछ लम्हे थे, जो मेरी गोद में बीत रहे थे।

बाल मुंडाने से लेकर श्राद्धकर्म तक, सारा कुछ हमने पूरी निष्ठा से अंजाम दिया। शिवालय के पंडित ने हमारे लड़खड़ाते क़दमों को रास्ता दिखाया। सचमुच, इस बीच, एक बार भी हमारा अपना नाम हमें याद नहीं आया। न ही अपनी कोख याद आई। ज़िंदगी में हमने ऐसी निष्ठा कहीं और दर्शायी हो, याद नहीं। नहीं ही दर्शायी हो शायद!

काशी में मां जी की मौत ने उसे जन्नत का रास्ता दिखाया या नहीं, मुझे

नहीं मालूम। पर इतना ज़रूर मुझे मालूम है कि उस रात, जब उसने मेरी गोद में अपनी आंखें मूंदीं, तो मुझे महसूस हुआ जैसे जन्नत मेरी गोद में उतर आई है, और फ़रिश्तों ने मेरे बोसे लिए हैं!

अंकल माइक

कुछ भी तो नहीं बदला, इन पचास वर्षों में!

डाकबंगले के कुशादा बरामदे में बैठे-बैठे मैंने सोचा। बस इतना-सा फ़रक़ आया है कि डाकबंगला कंपाउंड से निकलने पर जो सड़क बाईं तरफ़ को जाती है, और जहां उन दिनों गहरा सन्नाटा पसरा होता था, वहां इस वक़्त कुछ पक्के-पुख़्ता मकान खड़े हो गए हैं। शहरी तर्ज़ के मकान, जिनमें पोर्टिको होते हैं, और बालकोनियां भी। जिनकी खिड़कियां और दरवाज़े, लकड़ी की जगह, गहरे रंग के अपारदर्शी शीशों से ढंके होते हैं।

'कब बने हैं ये मकान? मेरा मतलब, कितने बरस पहले?'
मैंने डाकबंगले के बुजुर्ग केयरटेकर बंसी से पूछा।

'यही कोई आठ-दस बरस पहले।'

बंसी ने छोटा-सा जवाब दिया और मुझे ग़ौर से देखने लगा।

'लेकिन इस सड़क की दोनों तरफ़ जो बस्ती थी, आदिवासियों की... वो क्या हुई... वो लोग कहां चले गए?'

'उन्हें यहां से उजड़े तो मुद्दत हो गई। घर-परिवार समेत वो लोग कबके यहां से चले गए।'

'चले गए, या उन्हें भगा दिया गया?' मैंने बंसी को टोका।

'आप साहेब जी, जो कहें। ग़रीब लोग थे, कितने दिन टिक पाते। रातों-रात इंस्पेक्टर साहेब ने नोटिस लगवा दी। बस्ती छोड़ने के लिए उन्हें मुश्किल से दो-चार घंटे की मुहलत मिली। लोग बताते हैं, यहां से उजड़ कर बेचारे उड़ीसा गए, वहां भी उजड़ने की नौबत आई। इधर बरसों से उनकी कोई ख़बर नहीं मिली। पता नहीं, कहां मर-खप गए।'

बंसी की बातों से मुझे यक़ीन हो गया कि पचास बरस पहले खूंटी की इस बस्ती में रहने वाले अपने बचपन के साथी सालखो के बारे में मुझे यहां अब किसी से कोई जानकारी नहीं मिल सकेगी। और मेरा यह सफ़र अधूरा रह जाएगा।

'लेकिन आप इस बस्ती के बारे में ये सब क्यों पूछ रहे हैं?' डाकबंगले के ख़ानसामा मजीद ने चाय की ट्रे मेज़ पर रखते हुए हैरत से पूछा।

'यूं ही, अपनी यादें ताज़ा करने को। मैंने बचपन के कुछ बरस यहां, इस बस्ती में गुज़ारे हैं। बस्ती के बच्चों के साथ खेला हूं। उनसे झगड़ा हूं, मारपीट की है। दोस्ती की है। अब भी मेरे ज़ेहन में इन सबके चेहरे आबाद हैं। तुम कहते हो, बंसी, कि उनका कोई अता-पता नहीं। कहीं से कोई जानकारी नहीं मिल सकती, आसपास के गांवों से भी नहीं?'

'कैसे मिलेगी साहेब जी, कोई यहां रहे तब तो।'

बंसी कहता है, वो कोई चालीस साल पहले यहां आया था। अपनी पहचान देते वक़्त बंसी यह बताना नहीं भूलता कि वो मेवाड़ का निवासी है, और अपने इलाक़े के एक बड़े जंगल-ठेकेदार के साथ रोज़गार के चक्कर में यहां आकर फंस गया है। यहीं इसने शादी की, और बस्ती के एक किनारे एक छोटा-सा मकान बना लिया। अब वो अपने घर मेवाड़ जाने के बारे में सोचता तक नहीं।

चाय का दूसरा दौर ख़त्म हो रहा था कि मजीद मेरे बताए पते पर स्कूल इंस्पेक्टर टिग्गा की खोज-ख़बर लेकर लौट आया।

'शिवरात्रि की छुट्टी है। दफ़्तर की बिल्डिंग देख सकते हैं। रास्ते में ही पड़ेगी। इंस्पेक्टर साहब परिवार के साथ कल ही लोहरदग्गा चले गए हैं।'

'डाकबंगले से सौ क़दम पर, बाईं तरफ़ एक संकरी गली हुआ करती थी, जिसमें आमने-सामने क़तारबंद छोटे-बड़े कई मकान होते थे। इन मकानों में से एक, छोटे सायबान वाले मकान में, एक स्कूल टीचर माइकेल रहते थे। हम उन्हें 'अंकल माइक' कहते थे। तुमने माइकेल का नाम सुना है, मजीद?'

'आप ठीक कह रहे हैं, वो संकरी गली अब भी है, और इसके दोनों तरफ़ वाले मकान भी हैं। छोटे और बड़े क़तारबंद मकान। छोटे सायबान वाला मकान भी है। लेकिन माइकेल, वही ना जो गिटार बहुत अच्छा बजाते थे, हमने उन्हें देखा नहीं, हम तो उनके मरने के बरसों बाद यहां आए। मगर यहां रहने वालों से उनके बारे में हमने कई तरह की कहानी सुनी है।'

'कहानी, कैसी कहानी सुनी है तुमने, बताओगे?'

'यही कि वो स्कूल में पढ़ाने के अलावा आसपास के घरों में लड़के-लड़कियों को ट्यूशन पढ़ाया करते थे, उन्हें गिटार बजाना सिखाते थे। अपने पड़ोसी, डॉक्टर नागपाल के परिवार से काफ़ी घुले-मिले थे। उनकी बेटी को भी गिटार सिखाते थे। लेकिन एक दिन अचानक बहुत ही रहस्यमय ढंग से उनकी मौत हो गई... ऐसी ही और बातें...'

'माइकेल की मौत हो गई! फिर तो तुमने माइकेल के बारे में काफ़ी कुछ जान रखा है। कैसे हुई थी माइकेल की मौत, इस बारे में भी तुमने कुछ सुना?'

'नहीं, साफ़-साफ़ कोई बात नहीं मालूम। सब टाल जाते हैं, कोई नहीं बताता, पुराने लोग भी नहीं। फिर यह वाक़या भी तो काफ़ी पुराना हो गया। सब कहते हैं, अचानक माइकेल की मौत हो गई, बस । डॉक्टर को भी ख़बर नहीं दी जा सकी। कोई दवा, कोई इलाज नहीं हो सका।'

'घर परिवार से कोई आया उनके मरने पर?'

'कौन आता, था ही कौन उनका जो आता, मरने की ख़बर सुनकर। आस-पास के लोगों ने ही आनन-फ़ानन में गिरजाघर वाले क़ब्रिस्तान में उन्हें दफ़ना दिया। धीरे-धीरे लोग माइकेल की मौत को भूल गए। उनकी रहस्यमय मौत पर दबा पर्दा नहीं उठ सका।'

मजीद जैसे गहरी सोच में पड़ गया हो। उसे हैरत थी, मैं ये सब आख़िर क्यों पूछ रहा हूं। मेरी माइकेल में दिलचस्पी की वजह क्या है। मैं राखदान में उंगलियां डालकर अतीत को कुरेदने की कोशिश क्यों कर रहा हूं।

मेरे सवालों से घबराकर मजीद पूछ बैठा-

'साहेब जी, आप माइकेल को जानते थे? कैसे जानते थे? उसकी मौत के बारे में आप और भी कुछ जानते हैं?'

बंसी और मजीद दोनों ने मुझे बताया था कि डाकबंगले में उनकी बहाली में किन लोगों ने मदद की थी। अपने पढ़े-लिखे होने की बात वो बता चुके थे। और ये भी कहा था कि उनके पास अफ़सरों को देने के लिए रिश्वत के पैसे नहीं थे, इसीलिए मजबूरन उन्हें डाकबंगले की छोटी-मोटी नौकरी क़बूल करनी पड़ी।

मैंने मजीद के सवाल का जवाब देने की बजाय उससे पूछा-
'डॉ. नागपाल का परिवार अब कहां है? उस मकान में कौन रहता है?'

'लोग बताते हैं, माइकेल की मौत के महीने दिन बाद डॉक्टर नागपाल

अपनी जमी-जमाई प्रैक्टिस छोड़कर कलकत्ता चले गए। अपना मकान भी उन्होंने किसी को बेच दिया। नागपाल इसके बाद कभी इस बस्ती में नहीं आए। लेकिन साहेब जी, आप माइकेल को कैसे जानते हैं?'

'मैं माइकेल को जानता हूं, मजीद, अच्छी तरह जानता हूं। हर रोज़ स्कूल से लौटने पर माइकेल मेरे और सालखो के साथ कैरम खेलते थे। हमें पढ़ने के लिए छोटी-छोटी तस्वीरों वाली किताब देते थे। हमें क़िस्से-कहानियां भी सुनाते थे। हम उनके कमरे में चटाई पर बैठे पूरी दिलचस्पी से उनकी हैरत में डालने वाली कहानियां सुनते थे। हम ही उनके ख़त, किताबें और तस्वीरें उनके पड़ोसी, डॉक्टर नागपाल की बेटी सारा को पहुंचाते थे। लेकिन तुमने ठीक कहा, बंसी, एक दिन अचानक माइकेल की मौत हो गई, वो मर गए।'

इतना कह कर मैं रुक गया। मजीद और बंसी को मैं यह नहीं कह पाया कि जब माइकेल ने आख़िरी सांसें लीं, मैं सालखो के साथ उनके कमरे में मौजूद था, और मेरी जेब में माइकेल को देने के लिए सारा का एक ख़त था। मैं उन्हें यह भी नहीं बता सका कि मैंने और सालखो ने अपनी आंखों से माइकेल को ख़ून की उल्टी करते और ज़मीन पर तड़प-तड़प कर मरते देखा। वो एक अजीब डरावना मंज़र था। थोड़ी देर तो हमें महसूस होता रहा कि अंकल माइकेल अपने ड्रामाई अंदाज़ में हमें कोई तिलिस्मी क़िस्सा समझाने की कोशिश कर रहे हैं। लेकिन फिर, माइकेल के जिस्म की हरकत बंद हो गई। हाथ-पांव में एक डरावनी ऐंठन पैदा हो गई। मुझे अच्छी तरह याद है, हम दोनों, मैं और सालखो, चीख़ते-चिल्लाते माइकेल के कमरे से निकले थे।

सामने, गली की दूसरी तरफ़, डॉक्टर नागपाल के मकान का बाहरी दरवाज़ा खुला था। हम हांपते-कांपते उनके मकान में दाख़िल हो गए थे। नागपाल आरामकुर्सी पर बैठे थे। उनके हाथों में कोई स्याह किताब थी, लेकिन आंखें दरवाज़े पर टिकी थीं। चौंक कर हमारी तरफ़ देखने लगे। जैसे उन्हें

हमारे नहीं, किसी और के आने का इंतज़ार हो।

'डॉक्टर अंकल, देखिए ना, अंकल माइक को क्या हो गया है। ख़ून थूक रहे हैं... और ज़मीन पर तड़प रहे हैं। अंकल आप फ़ौरन चलकर उन्हें देखिए। हमें बहुत डर लग रहा है... अंकल... प्लीज़... उन्हें बचाइए।'

डॉक्टर अंकल ने किताब तिपाई पर रख दी। मुड़कर आंटी को देखा। फिर हमारी तरफ़ देखकर कुछ अजनबी-सी सख़्त आवाज़ में बोले-

'तुम दोनों अपने-अपने घर चले जाओ। किसी से नहीं कहना तुमने माइकेल के घर में क्या देखा, किसी से भी नहीं। बस अपने घर जाओ।'

मैं डॉक्टर नागपाल की बेटी सारा को उसका ख़त लौटाने के लिए ड्राइंग रूम के बाद वाले कमरे में जाना चाहता था। लेकिन डॉक्टर अंकल ने मुझे सख़्ती से रोक दिया।

अपने घर की पचास क़दमों की दूरी उस रोज़ मुझे मील-दो-मील से भी ज़्यादा महसूस हुई। घर के बाहर, दो बराबर ऊंचाई वाले दरख़्तों के सामने खुली जगह पहुंचते ही मुझे माइकेल के नाम लिखा सारा का ख़त दोबारा याद हो आया। माइकेल के नाम सारा का आख़िरी ख़त!

मैंने जेब से काग़ज़ निकाला। काग़ज़ खुला था, मुझे खोलने की ज़रूरत नहीं पड़ी। हरे रंग की रौशनाई से सारा ने माइकेल को लिखा था-

'माइक! तुम्हारी जान को ख़तरा है। स्कूल से लौटने पर डैडी तुम्हें कॉफ़ी के बहाने अपने पास बुलाएंगे। हरगिज़ मत आना, हरगिज़ मत पीना उनकी कॉफ़ी। गॉड सेव यू... माइक... तुम्हारी सारा...'

मुझे याद है, मैंने अपने मकान के पीछे वाली झाड़ियों में अपने हाथों से गीली मिट्टी हटाकर काग़ज़ का वो टुकड़ा छिपा दिया था।

ये सब कुछ मैं बंसी और मजीद को नहीं बता सका। मैं तो उन्हें यह भी नहीं कह सका कि इस वाक़ये के दिन से ही मैं हफ़्तों तेज़ बुख़ार में

बिस्तर पर पड़ा रहा। बुख़ार उतारने की सारी दवाएं नाकाम रहीं। डॉक्टरों ने शहर ले जाकर इलाज कराने की सलाह दी।

शायद महीना दिन बाद, ठीक होकर बस्ती लौटने पर सालखो ने मुझे बताया, नागपाल अंकल ने उसी शाम अंकल माइक को गिरजाघर वाले क़ब्रिस्तान में दफ़नाने का इंतज़ाम कर दिया था।

दूसरे दिन, गिरजाघर में अंकल माइक की आत्मा की शांति के लिए जो सामूहिक प्रार्थना हुई, उस में डॉक्टर अंकल ने भी हिस्सा लिया, और मोमबत्तियां जलाईं!

दूसरी दुनिया

चाईबासा के एक पहाड़ी टीले पर था वो छोटा-सा मकान, जिसके एक हिस्से में हमारा कुनबा रहता था। कुनबा, यानी मेरी अम्मा, मेरे अब्बू, और मेरी बहनें। मेरे भाई बाहर-बाहर रहते थे। कभी-कभी ही मेरी उन पर नज़र पड़ती थी, जब वो पढ़ाई के दौरान अपनी छुट्टियां गुज़ारने घर आते थे।

मुझे याद है, जब भी वो घर आते, मेरी अम्मा दिलोजान से उनकी ख़िदमत में लग जाती। जब तक वो घर पर रहते, मेरी अम्मा तक़रीबन भूली रहती कि मैं भी उनकी संतान हूं। घर-भर में सबसे छोटी संतान!

वो दिन मेरे लिए बड़ी खुशियों के दिन हुआ करते। घंटों-घंटों, इधर-उधर भागते रहने पर भी शायद ही किसी को मेरी याद आती। मैं कहां हूं, किसके साथ हूं, क्या कर रहा हूं, मैंने कुछ खाया-पिया भी है या नहीं, इन बातों को लेकर घर के किसी सदस्य को कोई ख़ास फ़िक्र नहीं होती।

हां, सोते वक़्त, यह ज़रूर देख लिया जाता कि मैं अपने बिस्तर पर मौजूद हूं या नहीं। वो भी शायद इसलिए कि दो कमरों के मकान में हम भाई-बहनों के लिए जगह बहुत थोड़ी थी।

रात के वक़्त, बिस्तर पर कोई कोना ख़ाली रहने पर सबकी नज़र उस ख़ाली कोने पर ज़रूर पड़ जाती, और थोड़ी देर के लिए घर में शोर मच जाता।

यही एक वक़्त होता था, अकेला वक़्त, कि जब कुनबे का कोई फ़र्द चिल्ला पड़ता- 'देखो, कहां है, पड़ोस में होगा, जाकर लाओ।'

तब हमारे कुनबे का कोई मेहरबान आदमी अपना बिस्तर छोड़कर उठता। बाज़ू वाले घर के दरवाज़े पर दस्तक दी जाती। गोपा की मां से पूछा जाता, क्या मैं उनके घर हूं।

जवाब देने से पहले गोपा की मां कई-कई बार सोचतीं। उनके घर रुक जाने की वजह से कहीं आज फिर मेरी पिटाई तो नहीं होगी। जब तक इत्मीनान नहीं हो, वो मुझे नींद से नहीं जगातीं। इत्मीनान होने पर मुझे अपने साथ लेकर मेरे घर आतीं।

घर-भर की फ़िक्र एक पल में दूर हो जाती।

मैं इस छोटे-से तजुर्बे के बाद अक्सर देर तक अपने बिस्तर पर लेटा-लेटा सोचता रहता। मेरे घर वाले आख़िर मुझे गोपा के घर क्यों नहीं छोड़ देते। क्यों मुझे गहरी नींद से जगाकर हर रात इस तरह अपने पास ले आते हैं।

लेकिन मेरी आंखों में आने वाली सुबह के सपने इतने ख़ूबसूरत होते कि मैं इस छोटे तजुर्बे को भूलकर दोबारा गहरी नींद में खो जाता।

मुझे याद है, एक बार हमारी दादी अम्मा, हम सबसे मिलने हमारे घर आ गई थीं। गोरी-चिट्टी, ऊंचे क़द और रोबदार आवाज़ वाली हमारी दादी अम्मा अपने साथ नसीहतों और कहानियों का अनमोल ख़ज़ाना लेकर आई थीं।

नमाज़ पढ़ने के बाद जो भी वक़्त बचता, वो हमारी बहनों को लेकर बैठ जातीं, उन्हें अपने तजुर्बे की बातें बतातीं और कहानियां सुनातीं। हमारी अम्मा उन्हें ऐसा करते देख कर खुश होतीं।

अक्सर वो तारीख़ के पन्नों से किसी ताक़तवर बादशाह के क़िस्से उठा

लातीं। फिर उसकी वफ़ादार मलका का हाल सुनातीं। कहतीं कि बादशाह के जंगी मुहिम पर जाने के बाद उसकी मलका जो सजदे में गिरती तो बादशाह की फ़तह की ख़बर आने के बाद ही उठती।

दादी अम्मा की कहानियां शुरू होतीं तो फिर ख़त्म नहीं होतीं। वो अपनी कहानियों में नये-नये बाब जोड़ती जातीं। कहानी चलती रहती, कई-कई दिन, कई-कई रात।

मुझे याद है, एक दिन दादी अम्मा ने कहानी को एक नया मोड़ देकर सबको चौंका दिया था।

बादशाह अपनी ज़िंदगी के एक मुश्किल मुक़ाबले से लौटा था। फ़तह का अलम उसके हाथों में था। मलका हमेशा की तरह सजदे में थी। बादशाह की फ़तह की ख़बर उसके कानों तक पहुंच गई थी। लेकिन इस बार उसका सजदा बादशाह के महल में दाख़िल होने पर भी जारी रहा।

'ऐसा क्यों, दादी अम्मा?'

मुझे याद है, मेरी बहनों में से किसी ने दादी अम्मा को टोक दिया था।

'बताती हूं, बताती हूं। यही तो कहानी का सब से अहम हिस्सा है। बादशाह फ़तह का अलम लिए महल में दाख़िल हुआ। महल में दाख़िल होते वक़्त बादशाह अकेला नहीं था।

स्याह नक़ाब में कोई और भी बादशाह के साथ-साथ महल के अंदरूनी हिस्से में दाख़िल हुआ।

'और कौन?'

दादी अम्मा को फिर किसी ने टोका।
दादी अम्मा ने सवाल जैसे सुना ही नहीं।

बादशाह ने कनीज़ों से मलका के बारे में दरयाफ़्त किया। कनीज़ों ने कहा,

मलका इबादतख़ाने में हैं। आप के जंग की मुहिम पर जाने के दिन से ही वहीं हैं।

बादशाह दबे पांव इबादतख़ाने की दहलीज़ तक पहुंचा।

दूर से ही मलका उसे सजदे में नज़र आई।

बादशाह ने नक़ाबपोश को इबादतख़ाने में दाख़िल होकर मलका को सजदे से उठाने का इशारा किया।

नक़ाबपोश ने अपने चेहरे से नक़ाब हटाई। एक खूबसूरत, बेहद खूबसूरत, शाही चेहरा सामने उभरा। बादशाह उसे दुश्मनों से जीतकर लाया था।

बादशाह ने अपना इशारा दुहराया। स्याह नक़ाब वाली शहज़ादी ने आगे बढ़कर दोनों हाथों से सहारा देते हुए मलका को सजदे से उठाना चाहा। लेकिन, यह क्या! मलका सजदे से उठने की बजाय जायनिमाज़ पर लुढ़क गई।

मलका की आंखें बंद थीं। हमेशा-हमेशा के लिए बंद थीं।

कहानी का आख़िरी हिस्सा यहां तक सुनाकर दादी अम्मा हमारे चेहरे पर पैदा हो रहे ग़म का असर पढ़ने लगीं।

कमरे में दादी अम्मा के आसपास ख़ामोशी का माहौल छा गया था।

मुझे याद है, मैंने इस खामोशी को तोड़ते हुए दादी अम्मा को अपने सवाल से थोड़ी देर के लिए परेशानी में डाल दिया था।

'दादी अम्मा, आप हमेशा बादशाह और मलका की कहानियां ही क्यों सुनाती हैं, आम लोगों की कहानियां क्यों नहीं सुनातीं? हमेशा वफ़ादार बेगमों और बेवफ़ा शौहरों के क़िस्से क्यों सुनाती हैं? मुझे ये कहानियां अच्छी नहीं लगतीं। इनमें सच्चाई नहीं होती।'

'कैसी कहानी सुनना चाहते हो तुम, बेटा?'

मुझे याद है, दादी अम्मा ने मुझे ग़ौर से देखते हुए पूछा था।

'आम लोगों की कहानी, दादी अम्मा, आम लोगों की कहानी। मेरी और गोपा की कहानी, सिकलू और हंसी की कहानी। मैं अक्सर इस पहाड़ी टीले के नीचे वाली बस्ती में जाता हूं। वहां मुझे कोई राजा या रानी देखने को नहीं मिलती। नंगे और भूखे लोग मिलते हैं, बीमार बच्चे दिखाई देते हैं। हर तरफ़ बदहाली नज़र आती है, मौत का खेल नज़र आता है। दादी अम्मा, आप हमें इन लोगों की कहानी क्यों नहीं सुनातीं, सिर्फ़ राजा-रानी की कहानी क्यों सुनाती हैं?'

मुझे याद है, दादी अम्मा एक लम्हे के लिए घबरा गई थीं। उनकी बड़ी-बड़ी आंखें गहरी सोच में डूब गई थीं।

'मैंने ये दुनिया नहीं देखी, बेटा। मैं कभी अपने घर-आंगन से बाहर नहीं निकली। मैंने वो बस्तियां नहीं देखीं, वो लोग नहीं देखे, जिन्हें तुम अपने इर्दगिर्द देखते हो। इसलिए मैं उनकी कहानी नहीं कह सकती। मैंने किताबों में भी उनकी कहानियां नहीं पढ़ीं। मैं उन्हें नहीं जानती, बेटा, सच कहती हूं, नहीं जानती। मैं इनसे कभी नहीं मिली। मैंने किताबों में परियों और शहज़ादियों की कहानियां पढ़ी हैं, बादशाहों के कारनामे पढ़े हैं, उनकी बेगमों की खूबसूरती और वफ़ादारी के क़िस्से पढ़े हैं। इसीलिए उनकी कहानियां सुनाती हूं।'

मुझे याद है, दादी अम्मा उस दिन देर तक बोलती रही थीं।

हम सब, भाई-बहन, सकते में थे!

'तुम मेरी दुनिया से अलग, एक दूसरी दुनिया के बच्चे हो। तुमने ये दूसरी दुनिया देखी है, इसलिए तुम्हें मेरी कहानियां पसंद नहीं आतीं। मैं तुम्हें इस दूसरी दुनिया की कहानी नहीं सुना सकती। लेकिन ये काम तुम कर सकते हो। ये काम खुद तुम को करना चाहिए। मैं तुम्हें सिर्फ़ कहानी कहने का सलीक़ा दे सकती हूं, असलूब दे सकती हूं। अपनी आंखों से

देखी इस दूसरी दुनिया का हाल तुम ही बयान कर सकते हो। तुम्हें यह काम करना चाहिए। करोगे ना, ये काम, बोलो।'

'करूंगा, ज़रूर करूंगा, दादी अम्मा। ये काम मैं ज़रूर करूंगा।'

मुझे याद है, बोलते-बोलते मेरी आंखें छलक आई थीं।

वो दिन दादी अम्मा के कहानी कहने का आख़िरी दिन था।
उस दिन के बाद, जितने दिन भी वो हमारे घर रहीं, दादी अम्मा ने मुझे या मेरी बहनों को कोई कहानी नहीं सुनाई।

फिर, एक दिन, दादी अम्मा चाईबासा से वापिस अपने गांव चली गईं।

लौट कर वो दोबारा हमारे घर नहीं आईं।
जाते-जाते, मगर, वो ज़रूर मेरे सीने पर एक भारी बोझ डाल गईं!

वो एक रात

कोई ख़ास बात ज़रूर होगी आज कि ढाबा पहुंचने पर मुझे, हमेशा की तरह, ढाबे के मालिक गुलाबचंद की परिचित आवाज़ नहीं सुनाई पड़ी।

मुझे याद है, नेशनल हाइवे के इस ढाबे में, पिछले पंद्रह–बीस वर्षों से लगातार आता रहा हूं। प्रदेश को एक किनारे से दूसरे किनारे तक जोड़ने वाला यही तो एक राजमार्ग है, जिसे किसी हद तक ग़नीमत कहा जाए। बाक़ी तो इस इलाक़े की सारी सड़कें बदहाल हैं, जिनकी चर्चा करना अपना तथा पाठकों का समय ज़ाया करना है।

अपने इलाक़े, अपने गांव, तक पहुंचने के लिए भी मेरे पास इस सड़क के अलावा और क्या उपाय है। आते–जाते, देर–सवेर, मुझे अपनी गाड़ी इसी ढाबे में रोकनी पड़ती है। ढाबे का मालिक, गुलाबचंद, उसके सारे कारिंदे, यहां तक कि ढाबे के रसोइए भी, मुझे अच्छी तरह जानते–पहचानते हैं। मेरी पसंद–नापसंद से भी ढाबे के अमले वाक़िफ़ हैं।

वर्षों से मैं यही देखता आया हूं। ढाबे के लंबे आंगन में मेरी गाड़ी लगी नहीं कि गुलाबचंद ने अपने मुंह–लगे मुलाज़िम, रियाज़ू को आवाज़ दी– 'प्रोफ़ेसर साहेब आ गए हैं, पानी–चाय लाओ। रामबली को कम मसाले–मिर्च वाली दाल तैयार करने बोलो। रोटियां, ठीक से, खाते वक़्त सेंकना। सलाद, खीर, सब कुछ ताज़ा देना।'

हर बार, मेरे ढाबा पहुंचने पर, गुलाबचंद कुछ ऐसी ही हिदायतें अपने

मुलाज़िमों को दिया करते। मैं खुद भी इन हिदायतों का गोया आदी हो गया हूं।

लेकिन आज जब मैं गुलाबचंद के ढाबे पर पहुंचा, तो मुझे यहां का माहौल कुछ बदला-बदला सा महसूस हुआ। हर बार की तरह, मुझे गुलाबचंद के 'प्रोफ़ेसर साहब' वाले वाक्य सुनने को नहीं मिले। आंगन या ओसारे पर गुलाबचंद का ख़ास मुलाज़िम रियाज़ू भी कहीं नज़र नहीं आया। ढाबे की फ़िज़ा सहमी-सहमी लगी।

मैंने गाड़ी से कंबल, चादर और तकिया निकाली। ओसारे के उस किनारे पर, जहां मैं आमतौर पर अकेले या अपने साथियों के साथ बैठा करता हूं, कोई और मुसाफ़िर कंबल ताने चारपाई पर सोया पड़ा है। थोड़ी दूर पर ही एक चारपाई ख़ाली है। वहीं मैंने अपना सामान डाल दिया है, और हल्के गर्म पानी से हाथ-मुंह धोने चला आया हूं।

सर्दियां और दिनों के मुक़ाबले आज कुछ ज़्यादा हैं। रात कोई ज़्यादा गहराई नहीं है, लेकिन कुहासे के कारण सड़क पर गाड़ियों का चलना कठिन हो गया है। मेरे ड्राइवर ने तो जैसे अपने हाथ ही उठा दिए हैं।

'एक्सिडेंट का ख़तरा है। अंधाधुंध चलने वाली ट्रकों से। आहिस्ता-आहिस्ता गाड़ी चलाकर कुछ और दूरी तय की जा सकती है। लेकिन यहां के बाद काफ़ी दूर तक कोई ढंग का ढाबा नहीं है, जहां आप रात गुज़ार सकें। यहीं रुकना ठीक रहेगा।'

मैंने अपने ड्राइवर, सिराज की सलाह मान ली है।

हाथ-मुंह धोकर लौटा हूं, तो गुलाबचंद जहां बैठकर आने-जाने वालों के हिसाब किया करते थे, वह चौकी ख़ाली दिखाई दी है। हां, लकड़ी का एक पुराना-सा संदूक़, जिसमें गुलाबचंद अपने पैसे रखते थे, पहले की तरह, चौकी के एक किनारे पड़ा है। हर रोज़ की तरह, आज भी उसमें ताले नहीं लगे हैं।

'रियाज़ू कहां है?'

मैंने पानी का गिलास लेकर आए लड़के से पूछा।

'नहीं है...'

'और तुम्हारे मालिक, गुलाबचंद, वो कहां हैं?'

'वो भी बाहर हैं, ज़रूरी काम से बाहर गए हैं।'

कोई पंद्रह-बीस वर्षों से मेरा इस इलाके में आना-जाना हो रहा है। ऐसा शायद ही कभी हुआ हो कि ढाबा खुला रहे और गुलाबचंद अपनी चौकी पर बैठे पैसों का हिसाब करते नज़र नहीं आएं।

मैंने चारपाई पर बैठे-लेटे चारों तरफ़ नज़रें घुमाकर ढाबे का जायज़ा लिया है। ढाबे के बाहर, आंगन के सामने वाली सड़क पर, दूर-दूर तक, जहां ट्रकों, गाड़ियों की क़तारें लगी होती थीं, वहां मुझे इस वक़्त गहरा सन्नाटा पसरा दिखाई दिया। सड़क बिल्कुल सूनी है। किनारे-किनारे, पान-सिग्रेट की दुकानें भी बंद हैं।

मेरा ड्राइवर, सिराज, गाड़ी की डिक्की से अपना सामान निकाल रहा है। ओसारे की दूसरी तरफ़ उसने भी शायद अपने लिए एक चारपाई ढूंढ़ ली है।

रोटी, तक्कड़, दाल-खीर आने में आम दिनों से ज़्यादा देर होती दिखाई दी, तो मैंने रसोई-घर की तरफ़ देखते हुए रामबली को 'कोई है' जैसी आवाज़ लगाई।

'आया साहब' का जवाब देने के थोड़ी देर बाद ढाबे का कोई अमला मेरी चारपाई पर थाली-कटोरा रख गया है।

'रियाज़ू नहीं है क्या?' मैंने गर्म रोटी का पहला टुकड़ा मुंह में डालते हुए पूछा है।

'कहा ना साहब, नहीं है।'

मैंने उसके लहजे की बेरुख़ी और झिल्लाहट महसूस करते हुए बात बदलनी चाही–

'खीर नहीं बनी है? दाल में आज मिर्च कुछ ज़्यादा ही तेज़ है। और हां, सलाद भी नहीं दिया...'

मेरी बात लगभग काटते हुए ढाबे के अमले ने जवाब दिया–

'मालिक ने आज ढाबा बंद करने का आर्डर दिया है। जो कुछ बचा-खुचा था, मैंने ला दिया। मालिक का आर्डर है, आज रात ढाबे में कोई नहीं ठहरेगा...'

'कोई नहीं ठहरेगा? मैं भी नहीं? गुलाबचंद हैं कहां?'

'मालिक नहीं हैं, बाहर गए हैं, आर्डर देकर गए हैं...'

मुझे महसूस हुआ, मेरे गले में, रोटी का पहला टुकड़ा ही जैसे अटक गया हो।

'लेकिन इस कुहासे वाली रात, मैं कहां, कैसे जाऊं? मुझे रात तो यहीं गुज़ारनी पड़ेगी। अब, इस वक़्त यहां से निकलना मुमकिन नहीं है।'

मैंने थाली और कटोरे एक तरफ़ सरका दिए हैं। दो घूंट पानी के पीकर मैं ढाबे के इस अमले को ग़ौर से देखने और पहचानने की कोशिश कर रहा हूं। मफ़लर से पूरी तरह ढंके चेहरे पर सिर्फ़ आंखें और घनी मूंछें ही दिखाई दे रही हैं।

'क्या नाम है, तुम्हारा? मुझे पहचानते हो ना?'

'पहचानता हूं, प्रोफ़ेसर साहब हैं, आप। मालिक ने आपको भी यहां ठहरने से मना किया है। अब आप जल्दी करें, मैंने आपके ड्राइवर को सब कुछ समझा दिया है।'

सर्द हवाओं ने एकबारगी जैसे मेरे जिस्म को अपनी गिरफ़्त में ले लिया हो, जिस्म की हड्डियों के जोड़ आपस में टकरा-टकरा कर बिखर रहे हों। और उनके अंदर बहने वाला कोई तरल पदार्थ अचानक जैसे बर्फ़ में तब्दील हो गया हो।

'साहब जी...' सामने मेरा ड्राइवर सिराज खड़ा है।

'इसी वक़्त यहां से निकल चलना है, साहब, ये लोग नहीं चाहते कि हम यहां ठहरें... आसपास इलाक़े में दंगे का माहौल है, कुछ घटनाएं भी हुई हैं...'

'लेकिन हमारे साथ ऐसा क्या हुआ है, हम तो गुलाबचंद को बीसों बरस से जानते हैं। वो भी हमें अच्छी तरह जानते हैं...'

तभी मेरे पास वाली चारपाई पर सोये आदमी ने करवट ली है।
कंबल-चादर से उसका जिस्म अब भी ढंका है।

'बहस से क्या फ़ायदा, साहब। नहीं चाहते जब ये लोग कि हम यहां ठहरें, तो बहस से क्या फ़ायदा! यहां से फ़ौरन निकल चलते हैं।'

'लेकिन तुम तो कहते थे, कुहासे में एक्सिडेंट का ख़तरा है, तेज़-रफ़्तार ट्रकों से। इस अंधे कुहासे में... एक्सिडेंट का ख़तरा मोल लेना, ठीक है? ...गुलाबचंद कहां गए, उनके ढाबे में मेरे साथ ऐसा सलूक...? इतनी रात, शीत-लहरी, कुहासा, सन्नाटा...! आख़िर हम कैसे जाएं, बोलो, कहां जाएं... इस वक़्त...?'

मेरे पास वाली चारपाई पर कंबल-चादर से ढंके, सोये-पड़े, आदमी ने दूसरी करवट ली है। इस बार उसकी करवट मुझे रहस्य-भरी महसूस हो रही है।

'लेकिन... मेरी मजबूरी भी समझिए। मालिक का आर्डर है। आपको यहां नहीं रुकने देना है। आपका यहां रहना ठीक नहीं है। आप जल्दी यहां से

चले जाएं। मालिक ने ऐसा ही कहा है।'

ढाबे का अमला अच्छा-बुरा समझाने के अंदाज़ में बोल रहा है।

'कहां हैं, तुम्हारे मालिक, गुलाबचंद? मैं नहीं जाऊं, इतनी रात गए, ढाबे से, तो क्या करोगे तुम, बोलो, क्या करोगे?'

पास की चारपाई पर सोये आदमी ने तीसरी बार करवट ली है। उसकी करवट से चारपाई में हल्की चरमराहट पैदा हुई है।

अचानक एक तेज़ आवाज़ के साथ चारपाई पर सोया आदमी कंबल-चादर फेंक कर उठ खड़ा हुआ है।

'मैं यहां हूं। बार-बार, पूछ रहे हो, मैं कहा हूं, तो लो मैं यहां हूं, देखो मेरे हाथ में क्या है। फ़ौरन ढाबे से चले जाओ, वरना तुम्हे भी वहीं पहुंचा देंगे, जहां रियाज़ू को पहुंचाया है। वो म्लेच्छ भी, तुम्हारी तरह, बार-बार, यही कहता था, ढाबा छोड़कर नहीं जाएंगे, क्या करोगे?'

पेट्रोमैक्स की रोशनी में, मेरी कांपती आंखों ने देखा।

मेरे सामने, ढाबे का मालिक, गुलाबचंद खड़ा है।

गुलाबचंद के हाथों में कोई तेज़ हथियार चमक रहा है!

गद्दी

चुनाव में अब भी सात दिन बचे हैं, लेकिन चुनाव की गहमागहमी यकायक थम गई है। दिन-रात कान के पर्दों में कंपन पैदा करने वाला शोर अचानक इस तरह ख़ामोशी में बदल जाए तो हैरानी किसे नहीं होगी।

मेरी तो जैसे दिली मुराद पूरी हो गई हो। शहर से फुर्सत के कुछ दिन निकालकर अपने गांव इसलिए आया था कि लंबे दिनों के बाद नाते-रिश्तेदारों से मिल भी लूंगा और अपनी नयी किताब के आख़िरी हिस्से को मुकम्मल भी कर लूंगा। लेकिन यहां के हालात देखकर मुझे अपने फ़ैसले पर अफ़सोस हो रहा है। गांव-भर में पंचायत चुनाव का बुख़ार छाया है। जिसे देखो वही किसी-न-किसी उम्मीदवार का समर्थक बन गया है। उम्मीदवारों और समर्थकों के बीच बंट गया है पूरा गांव। रिश्ते-नाते बेमानी हो गए हैं।

पंचायत के चुनाव दरअसल दो दशक बाद हो रहे हैं। पिछले मुखिया के मरने पर उनके बेटे ने बाप की जगह संभाल ली थी। यों भी उप-मुखिया की हैसियत से वह कई-कई बरस से पंचायत के काम देखते आ रहे थे। इसलिए बाप की जगह लेने में बेटे को परेशानी नहीं हुई।

पंचायत के सभी लोग मंगल सिंह के घराने की परंपरा से अच्छी तरह वाक़िफ़ हैं। उनके दादा भी तीस वर्षों तक इस पंचायत के मुखिया रह

चुके हैं। आज़ादी से पहले, अंग्रेज़ों के ख़ास तरफ़दारों में उनकी गिनती होती थी। अच्छा-ख़ासा दबदबा था उनका, पूरे ज़िले में।

हमारे दादाजी जब तक ज़िंदा रहे, और जब तक उनकी दम्मे की बीमारी ने उन्हें इसकी इजाज़त दी, वो गांव-घर को मंगल सिंह के दादा की ज़्यादतियों की कहानियां सुनाते रहे। दोनों हमउम्र थे और थोड़े दिन शायद एक-साथ गांव की पाठशाला में पढ़े भी थे।

दादाजी की याद्दाश्त पूरे इलाक़े में मशहूर थी। एक बार जिसे देख लिया, उसका चेहरा उनके दिमाग़ में पत्थर की लकीर की तरह महफ़ूज़ हो जाता। पूरी-पूरी बातचीत, शब्द, मुहावरे, यहां तक कि लहजा भी उन्हें अच्छी तरह याद हो जाता। अंग्रेज़ी अच्छी-ख़ासी जानते थे। अंग्रेज़ों की बातें दुहराते वक़्त किसी के लिए भी असल और नक़ल का फ़र्क़ करना मुश्किल था।

अक्सर, छुट्टियों के दिन, जब हम अपने भाइयों के साथ गांव आते तो दादाजी हमें मंगल सिंह के ख़ानदान की अंग्रेज़परस्ती के क़िस्से ज़रूर सुनाते। वो यह कहना नहीं भूलते कि कैसे एक बार मंगल सिंह के दादा के कारिंदों की मुख़बिरी के कारण वो सन् बयालीस की लड़ाई में पुलिस के हाथों दबोच लिए गए थे, और कैसे एक अंग्रेज़ अफ़सर के इशारे पर, राइफ़ल के कुंदों से गंभीर रूप से ज़ख़्मी हो गए थे। इन अवसरों पर, दादाजी अपनी बनियान उतारकर हमें अपने ज़ख़्मों के निशान दिखाना नहीं भूलते थे।

दादाजी से हम भाइयों को हमेशा शिकायत रहती। हमारे लाख पूछने पर भी वो इस सवाल का जवाब नहीं देते कि उनकी गिरफ़्तारी और पिटाई के पीछे खुद मंगल सिंह के दादा का कोई हाथ था या नहीं। हमेशा वो

हमारे इस सवाल को टाल जाते। ज़िद करने पर मुश्किल से इतना ही कह पाते: उस घटना की याद आते ही मेरे ज़ख़्म ताज़ा हो जाते हैं और अंग्रेज़ों का बर्बर सलूक दहशत बनकर मेरी आंखों के सामने छा जाता है। मैं उस घटना को दोबारा याद नहीं करना चाहता।

पर सच्चाई यह है कि दादाजी उस घटना को एकदम से भूलना भी नहीं चाहते थे। दादाजी के शब्द उनकी पीड़ा बनकर उभरते थे। इसलिए हम उन्हें ज़्यादा छेड़ते नहीं थे।

मगर दो दशक पूर्व, जब पंचायत के चुनाव का ऐलान हुआ और मंगल सिंह के पिता मुखिया पद के उम्मीदवार हुए तो दादाजी के सब्र की सीमा यकायक टूट गई। उन्होंने मंगल सिंह के पिता की दावेदारी का खुला विरोध करने का फ़ैसला किया। गांव के उम्रदराज़ लोगों से सलाह-मशविरा करने पर सबने दादाजी को समझाने-बुझाने की कोशिश की।

'क्या फ़ायदा, इस झमेले में पड़ने से? आप तो इतने वर्षों से बाबू साहब की ड्योढ़ी का हाल जानते हैं। उनकी दोस्ती और दुश्मनी में ज़्यादा फ़र्क़ नहीं, पीढ़ी-दर-पीढ़ी, उनकी दुश्मनी चलती है। आपकी इतनी उम्र हो गई। बेटे-पोते के लिए ड्योढ़ी से दुश्मनी क्यों मोल लेना चाहते हैं? क्या हासिल होगा इस झगड़े से?'

गांधीजी के आह्वान पर वर्षों जेल में रहे घनश्याम काका ने दादाजी को अपना फ़ैसला बदलने की सलाह दी। डाकघर की नौकरी से रिटायरमेंट लेकर हाल में गांव लौटे सुक्कन काका ने भी घनश्याम काका की हां में हां मिलाई।

'तुम तो कहते थे, सुक्कन यादव, कि तुम्हें गांधीजी के फ़रमान पर जेल नहीं जाने का सारी ज़िंदगी अफ़सोस रहेगा। फिर क्या पंचायत में बाबू

साहब की ड्योढ़ी का ही राज चलते रहना चाहिए? अंग्रेज़ों की तरफ़दारी के ज़माने से लेकर अब तक गांव में उन्हीं का तो राज चल रहा है। खुद तीस बरस पंचायत के मुखिया रहे, अब मरते समय बेटे को गद्दी सौंपना चाहते हैं। पोता भी लाइन में आ गया है। बेटे के बाद उसकी बारी है। यही चलता रहेगा घनश्याम? बोलो। किस बात की है पंचायत, सुक्कन, कहो किस बात की?'

दादाजी ने अपने आंगन में फ़र्श पर बैठे-बैठे जब यह बात कही तो गांव के सभी उम्रदराज़ लोग सन्नाटे में आ गए। सबके सीने के घाव जैसे यकायक ताज़ा हो गए। सबके बदन से टीसें उभरने लगीं। किसी में दादाजी का फ़ैसला काटने की हिम्मत नहीं हुई।

लंबी बहस के बाद, दादाजी के आंगन में तय हुआ कि अपना उम्मीदवार देकर बाबू साहब की दावेदारी का विरोध किया जाए।

'लेकिन हमारा उम्मीदवार होगा कौन?' रीझन काका ने टोका।

आंगन में बैठे लोगों के दिमाग़ में सहसा कोई नाम नहीं सूझा, जिसे बाबू साहब के मुक़ाबले खड़ा किया जाए। सबने एक राय से उम्मीदवार तय करने का ज़िम्मा दादाजी को सौंपना चाहा। पहले तो वो तैयार नहीं हुए पर सभा में बैठे लोगों के दबाव के आगे उन्हें यह तजवीज़ माननी पड़ी।

दूसरे दिन गांव की सभा बैठी, दादाजी ने अपना फ़ैसला सुनाया : हमारी तरफ़ से उम्मीदवार होगी रीझन सहनी की बेटी शांति।

दादाजी के आंगन में बैठे लोगों ने चिंता-भरी नज़रों से एक-दूसरे को देखा।

शहर में ऊंची पढ़ाई करके रीझन काका की बेटी शांति अपने पति और बेटे के साथ थोड़े दिनों की छुट्टी बिताने गांव आई थी।

'लेकिन उसे चुनाव लड़ने के लिए राज़ी कौन करेगा?' कोने में बैठे नसीम चाचा बोले।

'हम सब मिलकर उसे राज़ी करेंगे। गांव की इज़्ज़त की बात है। बेटी गांव की इज़्ज़त रखने में हमारा साथ नहीं देगी तो दूसरा कौन देगा।' दादाजी ने बहस का समापन करने की मुद्रा में कहा।

शाम को सभा फिर बैठी। सभा में रीझन सहनी की बेटी और दामाद भी शामिल हुए। थोड़े हीले-हवाले के बाद प्रस्ताव पर सहमति हो गई। फ़ैसला हुआ कि दूसरी सुबह शांति अपनी उम्मीदवारी दाख़िल करेगी और पूरा गांव उसके समर्थन में खड़ा होगा।

दादाजी के आंगन का यह फ़ैसला गोपनीय नहीं रहा। आग की तरह, मिनटों में ही बाबू साहब की ड्योढ़ी में इसकी काट के लिए जो रणनीति तैयार हुई, उसका भेद इसके अमल में आने के बाद ही खुला।

पौ फूटने से पहले ही ज़िले की पुलिस किसी उग्र नक्सली संगठन से जुड़ा होने के संदेह पर शांति और उसके पति को गिरफ़्तार करके शहर ले गई।

गांव की सीमा से पुलिस के चले जाने के बाद ही दादाजी और पूरे गांव को इस गिरफ़्तारी की ख़बर लगी।

इधर पूरा गांव सदमे में, उधर बाबू साहब की ड्योढ़ी से बाजे-गाजे के साथ मंगल सिंह के पिता अपनी उम्मीदवारी दाख़िल कर आए। उनके मुक़ाबले कोई दूसरा पर्चा दाख़िल नहीं हुआ। मंगल सिंह के पिता ने बाप की पगड़ी संभाल ली। आगे चलकर अपने बेटे मंगल सिंह को उप-मुखिया के पद पर बैठा दिया। दोनों लंबे दिनों तक इन पदों पर काबिज़ रहे।

लगभग दो दशकों के इस घटनाक्रम के बीच हमारे दादाजी, घनश्याम काका, सुक्कन काका, रीझन काका, सब-के-सब स्वर्ग सिधार गए। हमारे पिताजी जब तक सरकारी सेवा में रहे, गांव से उनका कोई ख़ास संबंध नहीं रहा। शादी-ब्याह, मरने-जीने पर ही वो गांव का रुख़ करते।

पीछे गांव की पंचायत पर बाबू साहब का शिकंजा बदस्तूर बना रहा। ड्योढ़ी के पुलिसिया रिश्ते और गहरे होते गए। इलाक़े के चुने नुमाइंदे भी उनके मन-मुताबिक़ ही चलते रहे।

लेकिन, दो दशक बाद, जब पंचायत चुनाव की डुगडुगी बजी है तो गांव की फ़िज़ा जैसे अचानक बदल गई है। सभी बुजुर्ग एक-एक कर चल बसे हैं। कोई नहीं रह गया है, जो गांव की नयी पीढ़ी को बाबू साहब की ड्योढ़ी के अपमानों का हिसाब चुकाने की नसीहत करे। गांव-घर को बांधकर रखने की क़ूवत भी किसी में नहीं है।

मंगल सिंह को दो दशक पूर्व पंचायत चुनाव की घटना अच्छी तरह याद है। शांति और उसके पति की गिरफ़्तारी तथा मंगल सिंह के पिता का निर्विरोध मुखिया चुना जाना, सब कुछ उन्हें कल की बात की तरह याद है। फिर भी चुनाव में अपनी जीत के लिए वो पूरी तरह आश्वस्त हैं। उन्हें वोट के अलावा सरकारी अमलों से अपने गहरे रिश्तों पर भी भरोसा है।

लेकिन बीस बरस पहले और आज के चुनाव में एक बड़ा अंतर उन्हें कभी-कभी परेशान कर देता है। कभी मंगल सिंह के दादा ने पुलिस से मिलकर शांति और उसके पति को झूठे आरोप में गिरफ़्तार करा दिया था और पंचायत में कोई उनके मुक़ाबले अपना दावा पेश तक नहीं कर पाया था। लेकिन इस बार उनके ख़िलाफ़ आधा दर्जन उम्मीदवार मैदान में हैं।

इसके बावजूद, उन्हें यक़ीन है कि वो अपनी कारस्तानी के बल पर चुनाव ज़रूर जीत जाएंगे।

चुनाव के सात दिन पहले प्रचार और हंगामे का यकायक इस तरह थम जाना गांव में किसी की समझ में नहीं आ रहा है। वो हैरत में हैं। मेरी पत्नी, जो खुद दादाजी के क़िस्सों की गवाह रही है, मुझसे पूछती है, 'गांव वालों को यकायक क्या हो गया कि इस तरह ख़ामोश हो गए? क्या ड्योढ़ी वालों ने प्रचार पर रोक लगा दी?'

जब कोई वजह समझ में नहीं आई, तो मैं ख़ुद गांव का जायज़ा लेने घर से बाहर निकला।

बाहर, मुझे पुलिस की कुछ जीपें अपने घर की ओर आती दिखाई दीं। उनमें से एक जीप ठीक मेरे घर के सामने आकर रुकी। एक जवान पुलिस अफ़सर जीप से उतरा।

'आप शालिग्राम दादा के...'

'जी, मैं उनका पोता राजीव हूं। लेकिन आप...'

'मैं अनूप हूं, ज़िले का नया एस पी, कल ही ज्वाइन किया है। कल ही देर रात छापेमारी के लिए यहां आना पड़ा। हथियारों का बड़ा ज़ख़ीरा बरामद हुआ है। किसी संगीन कांड की तैयारी थी। कई शातिर अपराधी रंगे-हाथ पकड़े गए हैं। उनके सरग़ना भी गिरफ़्तार हुए, सबको शहर भेजकर, सोचा आपसे मिल लूं।'

'आप मुझे कैसे जानते हैं?'

'मैं रीझन सहनी जी की बेटी शांति देवी का बेटा हूं। मेरी मां अक्सर आपके दादाजी और आपका ज़िक्र करती है। यहां आने लगा तो उसने ताकीद की थी कि आपसे ज़रूर मिलूं।'

मैंने शांति के बेटे को चाय पीकर जाने को कहा, लेकिन उसे शहर पहुंचने की जल्दी थी। उसने अपने डी एस पी को मंगल सिंह की

ड्योढ़ी पर ताला जड़ देने का आदेश दिया और मुझसे दोबारा गांव आकर कुछ समय बिताने का वायदा किया।

पंचायत चुनाव निर्धारित तिथि को संपन्न हुआ। परिणाम ने किसी को चौंकाया नहीं। घनश्याम काका की बहू सावित्री पंचायत की मुखिया बनी। बाबू मंगल सिंह अपने पुरखों की गद्‌दी बचाने में नाकाम रहे। उनकी जमानत भी नहीं बच पाई।

छुट्‌टियां बिताकर काम पर लौटते वक़्त मैंने वही रास्ता चुना, जहां बाबू साहब की ड्योढ़ी के फाटक पर पुलिस के ताले दिखाई दिए।

मुझे दादाजी की बनियान के नीचे अनगिनत ज़ख़्मों के निशान याद आ गए हैं।

मैंने महसूस किया कि मेरी आखें आंसुओं से भर गई हैं!

बंद आंखों से

वो तादाद में सिर्फ़ पांच थे। उनमें तीन के चेहरे स्याह नक़ाब से ढंके थे। चौथे ने अपना सिर सफ़ेद रूमाल से इस तरह छुपाया हुआ था कि नाक-नक़्शा नज़र आने पर भी चेहरा पहचान में आना मुश्किल था। पांचवां शख़्स बे-नक़ाब था। आव-भाव से वो इस गिरोह का सरग़ना मालूम होता था।

देखने में पांचों सेहतमंद और खुशहाल नज़र आ रहे थे। बज़ाहिर उनके हाथ हथियारों से ख़ाली थे। लंबे, धारीदार कुर्ते के नीचे उन्होंने कुछ ख़तरनाक असलहे छुपा रखे हों, तो इसका अंदाज़ लगाना आसान नहीं था।

सचिवालय परिसर से पांचों निकले तो थे अलग-अलग रास्तों से, लेकिन यहां बड़े आकार वाली मूर्ति के चौराहे पर आकर पांचों एक-साथ हो गए थे। सब के चेहरे पर यक़ीनन इत्मीनान की लकीरें रही होंगी कि वो समय के किस क़दर पाबंद और अपने मिशन के प्रति कितने वफ़ादार हैं। शाम के धुंधलके में उनके चेहरे पर उभरने वाली इत्मीनान की लकीरों को लेकर सिर्फ़ क़यास लगाया जा सकता था। पर उनके चलने-रुकने, आपस में दबी ज़बान से बातचीन करने के अंदाज़ से उनके चेहरे पर उभरी इत्मीनान की लकीरों के प्रति आश्वस्त ज़रूर हुआ

जा सकता था।

चौराहे से कुछ आगे बढ़कर उन्होंने सड़क के एक किनारे खड़ी स्याह रंग की गाड़ी में ड्राइवर की सीट पर बैठे किसी आदमी को हल्का-सा इशारा किया। गाड़ी शायद पहले से उनके इंतज़ार में वहां खड़ी थी। गाड़ी का दरवाज़ा खुला और आगे-पीछे पांचों लोग उस में सवार हो गए।

यहां तक तो मेरी आंखों ने उनका पीछा किया। फिर वो किधर गए, और कहां, मुझे उस वक़्त मालूम नहीं हो पाया।

सिटी बस पकड़कर जब मैं अपनी कॉलोनी पहुंचा तो घर वाली सड़क पर मुड़ते ही अचानक काले रंग की वह गाड़ी मुझे अपने घर के लगभग सामने पार्क की हुई नज़र आई। मुझे गाड़ी देखते ही अजीब अंदेशे का एहसास होने लगा। क्या मैं ही उनका टार्गेट हूं!

मेरे लिए अपने घर वाली सड़क पर और आगे बढ़ना मुमकिन नहीं था। मैंने अपने क़दम लौटा लिए। अब मैं तेज़ रफ़्तार से वापिस फ़्लाईओवर की तरफ़ भाग रहा था।

बीच फ़्लाईओवर में अचानक मुझे अपनी सांसें रुकती महसूस हुईं। गला बिल्कुल खुश्क हो गया। आंखों की पुतलियां जैसे लड़खड़ाने लगीं। आगे-पीछे कोई राहगीर भी दिखाई नहीं दे रहा था जिससे मदद की फ़रियाद की जाती। एक बूंद पानी के लिए भी किसके आगे हाथ फैलाता। सिर में चक्कर आ रहा था। मैं फ़्लाईओवर के बीचोबीच खड़ी रेलिंग का एक सिरा थाम कर डिवाइडर पर बैठ गया। मुझे बिल्कुल ख़्याल नहीं रहा कि मेरे साफ़ कपड़ों पर धूल की परतें जम सकती हैं। दरअसल इस वक़्त मुझे धूल नहीं, काले रंग वाली गाड़ी में बैठे उन पांच सवारों की फ़िक्र थी, जो मेरे घर वाली सड़क पर, मेरे अनुमान के मुताबिक़, मेरा इंतज़ार कर रहे थे। और जिनके इरादे नेक नहीं थे।

कौन हो सकते हैं आख़िर वो पांच लोग जो उस गाड़ी में सफ़र करते मेरे घर वाली सड़क तक आ गए थे। दफ़्तर के संगी-साथी? जो मेरी शोहरत से परेशान हो अंदर-अंदर मुझसे ईर्ष्या-भाव पालने लगे थे। या कुछ दूसरे लोग, जिन्हें मेरी उपलब्धियों से चिढ़ थी। और जो मुझे जानलेवा सबक़ सिखाना चाहते थे। या फिर किसी सियासी गिरोह के कारिंदे, जो निजी कुंठाओं के कारण मेरी दुश्मनी पर उतर आए थे। ये पांचों इन में से कौन हो सकते हैं!

अभी तक तो शायद मेरे होश-हवास ठीक थे, क्योंकि मैं तर्क के सहारे अपने दिमाग़ की गुत्थियां सुलझाने की कोशिश में किसी हद तक कामयाब रहा था। पर खुश्क गले और सिर के चक्कर से मेरी तर्क-शक्ति कमज़ोर पड़ती जा रही थी। इतना अब भी मुझे याद था कि फ़्लाईओवर के ठीक उस तरफ़, बिल्कुल पास, मेरे दोस्त मेहता का घर था। मेहता, जो वर्षों मेरे साथ पढ़ा था और नौकरी भी हम दोनों ने आगे-पीछे एक ही महकमे में शुरू की थी। मेहता के घर पहुंच जाने पर मेरी परेशानी कम हो सकती है। उसके पास फ़ोन है, जिससे मैं अपने घर की ख़ैरियत मालूम कर सकता हूं। लेकिन सुरक्षित मेहता के घर तक पहुंच जाऊं, तब तो।

तभी एक ख़ाली रिक्शा मुझे फ़्लाईओवर के ढलान पर उतरता नज़र आया। मैंने हिम्मत जुटाकर रिक्शेवाले को आवाज़ दी। रिक्शेवाले ने नशे में चूर समझ कर पहले तो सवालिया नज़रों से मेरी तरफ़ देखा, फिर हमदर्दी की आवाज़ में पूछा, 'किधर जाना है?'

'बस नीचे फ़्लाईओवर के आख़िरी सिरे पर, जहां सरकारी क्वार्टर्स बने हैं, वहीं तक पहुंचा दो। जितने पैसे मांगोगे, दूंगा। रिक्शा वाले...

भाई... देखो...' मैंने घिघियाते हुए कहा।

रिक्शा वाला शायद मेरी ग़मनाक आवाज़ से पसीज गया। सहारा देकर उसने मुझे सीट पर बिठाया।

कुछ लम्हे बाद ही मैं मेहता के दरवाज़े पर था।

'पापा आते ही होंगे, बैठिये अंकल,' मेहता की बेटी नीलू ने ड्राइंग रूम का दरवाज़ा खोलते-खोलते कहा।

'पानी, बेटी, थोड़ा पानी...' मैंने रूमाल से अपनी पेशानी पोछते हुए कहा। ऐसा करना शायद मेरे लिए ज़रूरी था। दरअसल मैं नहीं चाहता था कि मेहता की पत्नी या उसकी बेटी मेरी बदहवासी को भांप जाए। लेकिन डिवाइडर की धूल-भरी ज़मीन पर बैठ जाने के कारण मेरे कपड़ों पर जो शिकन और गर्द बैठ गयी थी, वो उनकी आंखों से कैसे छिप सकती थी।

पानी लेकर नीलू कमरे में आई तो उसने हैरत से मेरे कुर्ते-पाजामे पर नज़र डाली। 'इतनी धूल कहां से... अंकल... इतने धब्बे?'

'रिक्शे से आया हूं ना, बेटी... रास्ते में धूल, फिर रिक्शे पर जमी धूल! तुम तो जानती हो, शहर का हाल,' मैं गड़बड़ाते-गड़बड़ाते किसी तरह कह पाया। फिर बात बदलने की कोशिश करने लगा।

'तुम्हारी परीक्षाएं कब से हैं, या हो गईं?'

'अगले हफ़्ते शुरू होंगी। अंकल आप कपड़े क्यों नहीं बदल लेते, पापा के कुर्ते-पाजामे तो आपको बिल्कुल ठीक बैठते हैं। आप पहले नहा लें। मैं चाय बनाती हूं। तब तक पापा भी ज़रूर आ गए रहेंगे।'

मेरे पास सोचने को ज़्यादा समय नहीं था।

नहा-धोकर, मेहता के कपड़े पहने, जब मैं ड्राइंग रूम में लौटा तो मेज़

पर नाश्ते की प्लेटें सजी हुई थीं।

'मेहता नहीं आए, काफ़ी देर हो गई', मैंने पूछा।

'फ़ोन-वगैरह किया था?'

'दोपहर में आया था फ़ोन। कह रहे थे, ज़रूरी काम से कहीं जाना है। शायद थोड़ी देर हो लौटने में।'

तभी मुझे घर पर फ़ोन करके ख़ैरियत पूछने की ख़्याल आया। ड्राइंग रूम के एक किनारे, टी वी के पास वाली छोटी मेज़ पर रखे फ़ोन से मैंने घर का नंबर मिलाया।

फ़ोन बेटे ने रिसीव किया। आवाज़ बिल्कुल नार्मल, हमेशा-जैसी।

'मम्मी कहां हैं, बेटे?' मेरी आवाज़ अंदेशों से घिरी थी। मैं हकलाहट के क़रीब आ गया था।

'कहां हैं? इतनी देर हो गई। कई बार मेहता जी का फ़ोन आया। पूछ रहे थे, कहां होंगे। मैंने कह दिया, मुझे नहीं मालूम। शायद काम ज़्यादा हो, दफ़्तर में। या किताबें ख़रीदने चले गए हों।'

पत्नी की आवाज़ में कोई घबराहट नहीं थी। बात करते वक़्त किचेन से प्रेशर-कूकर की सीटियां साफ़ सुनाई पड़ रही थीं।

इसका मतलब है, मैंने ख़्याल किया, घर में सब कुछ सामान्य और ठीक-ठाक है। परेशानी की कोई बात नहीं। तो फिर मेरे घर वाली सड़क पर खड़ी काले रंग की वो गाड़ी, जिस में मेरी आंखों के सामने सवार हुए थे तीन स्याह नक़ाबपोश, एक सफ़ेद रूमालपोश और एक शख़्स,

जो अपने व्यवहार से उन सब का सरग़ना मालूम होता था?

सचिवालय से निकलने वाले कई रास्तों से, अलग-अलग, आए ये पांच लोग बड़े आकार वाली मूर्ति के पास आकर एक-साथ हो गए थे। खुद मैंने अपनी आंखों से उन्हें स्याह रंग की गाड़ी में सवार होते देखा था। मेरी नज़रें हरगिज़ धोखा नहीं खा सकतीं। वही स्याह गाड़ी, जो मैंने अभी-अभी फ़्लाईओवर के उस तरफ़ कॉलोनी वाली सड़क पर अपने घर के क़रीब खड़ी देखी थी। और जिसे देखकर मेरा दिल तमाम तरह के अंदेशों से घिर गया था। और मैं सोचने को मजबूर हो गया था, कहीं ये पांचो सवार मेरी टोह में तो नहीं। कहीं ये मुझ पर हमले के इरादे से तो इधर नहीं आए। मेरी जान तो नहीं लेना चाहते, ये पांच सवार!

एक-साथ अचानक कई सवाल दिमाग़ में गूंजे।

सवालों के बीच, पत्नी ने फ़ोन पर अपनी बात दोहराई।

'और देर होगी क्या? कहां पर हैं?'

मैंने मेज़ पर नाश्ते की प्लेटें सजाये मेरा इंतजार कर रही मेहता की पत्नी की तरफ़ देखा। मैं पत्नी को नहीं बता सका कि मैं मेहता के घर हूं, और बेहद परेशानी में यहां तक आया हूं। सब कुछ नार्मल है घर पर, तो मुझे अपनी परेशानी बताकर पत्नी और बेटे को तनाव में नहीं डालना चाहिए। हरगिज़ नहीं।

'बस, थोड़ी देर में आ रहा हूं। क़रीब ही हूं।'

नाश्ता करते वक़्त मैंने अपने आप को तनाव से किसी क़दर मुक्त महसूस किया। मेहता की पत्नी और बेटी से घर-बाहर की बातें होती रहीं। ग्रेजुएशन के बाद क्या करना चाहती है? क्या एम ए? बीच-बीच में, मेहता का ज़िक्र भी आता रहा।

'सरकारी क्वार्टर्स में कब तक रहने का इरादा है? अपनी ज़मीन पर मेहता मकान क्यों नहीं बना लेते? सरकार भी तो लोन-वग़ैरह देती है। साल-छह महीने में रहने लायक़ मकान बनकर तैयार हो सकता है। ख़ाह-मख़ाह हर महीने किराये की कटौती। इससे कहीं अच्छा है, बैंक का कर्ज़ चुकाना। आप मेहता को समझाती क्यों नहीं।'

'कहती तो हूं, पर बेटी की पढ़ाई और शादी का हवाला देकर टाल जाते हैं। एक दिन कह रहे थे, आप लकी हैं, बेटियों की शादी कर दी। बेटा भी रास्ते पर है। मेहनती है, अभी से अपनी ज़िम्मेदारी समझता है। और एक हम लोग हैं, बेटी-बेटा दोनों की पढ़ाई नामुकम्मल। प्रोमोशन में भी देर है। कइयों के बाद अपनी बारी आएगी। गांव-घर का ख़र्च देखना भी अपने ज़िम्मे। बूढ़े मां-बाप की ज़िम्मेदारी अलग। बस यही सब सोचकर बात जहां की तहां रह जाती है।'

'मम्मी, मैं तो कहती हूं, मेरी चिंता छोड़िए। ग्रेजुएशन करके कोई-न-कोई काम ज़रूर पकड़ लूंगी। स्पोर्ट में मेरी एचीवमेंट है, ढेर-सारे पुरस्कार-सम्मान आख़िर किस दिन काम आएंगे। भाई प्लस टू में अच्छा कर रहा है। इंजीनियरिंग या कंप्यूटर कोर्स में जाना चाहता है। फिर आपकी क्या प्रॉब्लेम रह जाएगी? यही ना कि आप और पापा कैसे कपड़े पहनेंगे और दशहरा-दीपावली कैसे मनाएंगे!'

जिस आत्म-विश्वास और बेबाकी से नीलू ने अपनी बात रखी, उसे देखकर मैं तो सचमुच हैरत में पड़ गया। कितनी समझदार बेटी पाई है मेहता ने! अपनी सलाहियत पर अटूट भरोसा रखने वाली बेटी!

चाय का दूसरा प्याला ख़त्म हो रहा था कि बाहर किसी गाड़ी के रुकने

की आवाज़ सुनाई दी। 'पापा आ गए, शायद' कहकर नीलू ने दरवाज़ा खोला।

'अंकल कब से आपकी राह देख रहे हैं। आपने इतनी देर लगा दी। फ़ोन भी नहीं किया।' नीलू ने ड्राइंग रूम में प्रवेश करते-करते मेहता से शिकायत-भरे लहजे में कहा।

'अंकल, अब तो आप को एक कप चाय और पीनी पड़ेगी। फ़ौरन लाती हूं।'

मेहता ने अपने कंधे से लटका बैग बग़ल वाली कुर्सी पर रखकर मेरी तरफ़ देखा।

'कब आए?'

'काफ़ी देर हुई। दफ़्तर से सीधे इधर ही आ गया। सोचा, दफ़्तर में जब से प्रोमोशन का लफड़ा चला है, तुम से वहां ठीक-ठीक बात नहीं हो पाती। तुम्हारी पत्नी और बेटी से मिले भी काफ़ी दिन हो गए थे। लेकिन तुम कहां अटके थे?'

'मुझे देर हो गई। एक ज़रूरी काम से रास्ते में रुक जाना पड़ा।'

'मेरी पत्नी कह रही थी तुमने मेरे घर फ़ोन किया था। मुझे ढूंढ़ रहे थे।'

'हां, बस... यूं ही किया था। दफ़्तर से आज तुम पहले ही निकल गए थे, शायद। मैंने सोचा... कहीं तबीयत-वग़ैरह तो गड़बड़ नहीं हुई। इसीलिए फ़ोन किया था। तुम नहीं मिले... तो रास्ते में थोड़ी देर दोस्तों के साथ ठहर गया।'

मेहता रुक-रुक कर, धीरे-धीरे, कुछ-कुछ घबराई-सी आवाज़ में बोल रहा

था। अचानक उठकर उसने टी वी ऑन कर दिया। हम दोनों का ध्यान टी वी पर चल रहे प्रोग्राम में उलझ गया। बातचीत का सिलसिला रुक गया।

नीलू मेज़ से ख़ाली प्लेटें और कप हटाकर किचेन ले जा चुकी थी। मेहता की पत्नी कुर्सी पर रखे मेहता के बैग से काग़ज़ात वग़ैरह निकाल कर मेज़ पर रख रही थीं। अचानक कमरे में उनकी हैरत में डूबी आवाज़ उभरी। आवाज़ इतनी तेज़ थी कि एक लम्हे के लिए टी वी का विज्ञापन-शो धीमा पड़ गया।

'ये क्या है?' बैग से निकला स्याह कपड़े का एक बड़ा टुकड़ा अपने हाथ में लिए वो फटी-फटी आंखों से मेहता की तरफ़ देख रही थीं।

मैंने, और मेहता ने भी, तक़रीबन एक-साथ, घूमकर उनकी तरफ़ देखा। उनके हाथों में स्याह कपड़े का वह टुकड़ा एक नक़ाब की शक्ल ले चुका था। नक़ाब के अगले हिस्से में, आंखों के लिए, दो छोटे-छोटे सुराख़ बने हुए थे।

मम्मी की घबराई आवाज़ सुनकर नीलू किचेन से ड्राइंग रूम में आ गई थी।

इससे आगे, मेरी आंखों ने देखना बंद कर दिया था!

फ़्लावर-नुक

दरवाज़े के दाहिने बाज़ू वाली दीवार पर कॉलबेल लगी है।

आने वाले ने उसका सहारा नहीं लिया।

सीधे दरवाज़े पर ही दस्तक दी।

आवाज़ हल्की और संयत होने के बावजूद मेरा ध्यान खींचने को काफ़ी है।

घर में इस वक़्त कोई और नहीं, इसलिए दरवाज़ा मुझे ही खोलना पड़ा।

दरवाज़े पर खड़ा नौजवान मेरे लिए अजनबी है।

मेरे सवालिया नज़रों से उसकी ओर देखने पर अत्यंत शालीन लहजे में बोला–

'फ़्लावर-नुक' से आया हूं। आपके लिए यह गुलदस्ता है।'

'मेरे लिए! किसने भेजा है?'

जवाब में उसने गुलदस्ते से टंके एक छोटे-से रंगीन कार्ड की तरफ़ इशारा किया।

कार्ड पर, तीन छोटी-बड़ी लकीरों के बीच, एक ख़ूबसूरत-सा नाम लिखा है।

'शुक्रिया! उन्हें मेरी तरफ़ से शुक्रिया कहना।'

गुलदस्ता लेकर मैं सीधे सोने के कमरे में आ गया। एक किनारे, टेब्ल-कैलेंडर पड़ा है।
जिसमें आज की तारीख़ सुर्ख़ निशान से घिरी दिखाई दे रही है।

तो यह गुलदस्ता मुझे इसी तारीख़ की बदौलत मिला है!

मैंने सोचा, मुनासिब तो यही है कि मैं फ़ोन पर ख़ुद भी उन्हें 'शुक्रिया' कह दूं।

सुबह का वक़्त है। शहरों में, आम तौर से, लोग इस वक़्त चाय पी रहे होते हैं। अख़बारों की सुर्ख़ियां पढ़ रहे होते हैं। या टीवी के, सुबह-सुबह के, कोई ख़ास प्रोग्राम देख रहे होते हैं।

फ़ोन की घंटी बजते ही, उस तरफ़ रिसीवर उठा-

'फूल पहुंच गए?'

'जी! आपने ज़हमत की... शुक्रिया।'

'आपने देखे, मेरी पसंद के फूल...'

'मैं सोचता था, लाल-सुर्ख़ फूल आपको ज़्यादा पसंद होंगे। लेकिन आपने तो बिल्कुल सफ़ेद फूल भेजे हैं। इन सफ़ेद फूलों में आपका अक्स न जाने कितने हसीन ख़ाब बुन डालेगा।'

फ़ोन पर उस तरफ़ से आनेवाली आवाज़ यकायक धीमी हो गई।

'मेरा अक्स... इन फूलों में... आपको नहीं मिलेगा... वो तो कब का खो गया है... कहां, नहीं मालूम। आप इन्हें तलाशने में अपना वक़्त ज़ाया नहीं करें...'

'फूल बहुत अच्छे हैं, ख़ूबसूरत, दिलकश! मैंने इन्हें संभालकर अपने

सिरहाने रख लिया है। यहां ये हमेशा ही तरोताज़ा बने रहेंगे। आपकी यादों की तरह...'

'मेरी यादों की तरह... नहीं... वो तो पानी पर उकेरी गई लकीरें हैं... डूबती-बिखरती। इन ख़ूबसूरत फूलों को मेरी यादों से मंसूब नहीं करें..'

'लेकिन मुझे तो ये सफ़ेद-सफ़ेद फूल आपकी शख़्सियत का ही अक्स नज़र आते हैं। आपकी शख़्सियत जो, बार-बार, आपकी यादों में सिमट आती है।'

फ़ोन पर आनेवाली आवाज़ अब धीमी नहीं रह गई है।

'सूख गए ये ख़ूबसूरत, सफ़ेद फूल तो इन्हें क्या करेंगे...'

आवाज़ में तेज़ चलने वाली सांसों की शिद्दत समा गई है।

'इतने सफ़ेद और नाज़ुक फूल भला सूख कैसे जाएंगे! आपने इन्हें सूखने की इजाज़त दी है। नहीं ना! फिर ये सूखेंगे कैसे!'

'मैंने देखा है, इनसे भी ज़्यादा ख़ूबसूरत फूलों को सूखते-बिखरते।'

आवाज़ उदासी में बदल गई है। बदलती आवाज़ मुझे भी ग़मगीन कर रही है।

मैं भी शायद बातचीत जारी रखने में परेशानी महसूस कर रहा हूं।

उस रौशन सुबह, फ़ोन पर हमारी बातचीत एक अनाम अंदेशे की नज़्र हो गई!

तारीखें बदलती रहीं। ठीक जैसे वो हमेशा बदलती हैं। दिन हफ़्तों से गुज़र कर महीनों में तब्दील हो गए। महीने साल की पोशाक पहनते, इससे

थोड़ा पहले, एक और रौशन सुबह मेरे दरवाज़े पर अनजान दस्तक दे गई। कॉलबेल की जगह, दरवाज़े पर हल्की-सी दस्तक!

शालीन, संयत, ठहरी-सी एक दस्तक!

मेरी आंखों में जैसे अंदेशों के चिराग़ जल उठे हों। सिरहाने पड़े सफ़ेद फूलों के गुच्छे पर मेरी नज़र गई। फूल अब भी, पहले दिन की तरह, तरोताज़ा हैं।

हसीन और दिलकश! अपनी पंखुड़ियों से अनजान यादों की रौशनी बिखेरते!

दरवाज़ा खोलते, मुझे फिर वही नौजवान दिखाई दिया। आज भी उसके हाथों में सफ़ेद, बारीक कपड़ों से ढंका एक बड़ा-सा ख़ूबसूरत गुलदस्ता है।

'फूल हैं, आपके लिए...'

'लेकिन आज... आज की तारीख़...'

'मुझे नहीं मालूम, बस इतना ही कहा...'

'मेरी तरफ़ से उन्हें 'शुक्रिया' ज़रूर कह देना। ताज़ा फूलों का शुक्रिया!'

अपने कमरे में आकर, आदमक़द आईने के सामने, मैंने गुलदस्ते का पारदर्शी कवर हटाया।

मेरी आंखें हैरत में डूब गईं। मेरे हाथों में, ताज़ा-खिले, लाल-सुर्ख़ फूलों के गुच्छे हैं!

वो भी सर्दियों की एक रौशन-सी सुबह थी।

मेरे सिरहाने, सफ़ेद फूलों के साथ लाल-सुर्ख़ फूलों के गुच्छे पड़े हैं।

मैंने फ़ोन करने का इरादा किया ही था कि घंटी बजी।

'फूल पहुंचे! लाल-सुर्ख़ फूल! ...आपकी पसंद के फूल!'

'लेकिन... आज...'

'पिछली तारीख़ आपकी थी। आज हमारी है। हम दोनों की। फूलों के रंग पर आपकी पसंद छा गई है। याद है, उस दिन आपने लाल-सुर्ख़ फूलों का ज़िक्र किया था। जिनमें आप मेरी यादों का अक्स देखना चाहते थे। है ना!'

'जी... लेकिन आपने यह तारीख़ मुझसे पोशीदा रखी। मुझे जानने भी नहीं दिया कि आज... आपकी...'

'मेरी नहीं... हमारी तारीख़ है... आज। हम दोनों की। लाल-सुर्ख़ फूल की पत्तियों में आज आपको हम दोनों के अक्स नज़र आएंगे। आप इन्हें ग़ौर से देखेंगे।'

'मेरी आंखों में तो आज भी, इन सफ़ेद फूलों के बीच, आपकी यादों का ही अक्स क़ायम है। मैं अपनी आंखों में, इनकी जगह, कोई और अक्स कैसे देख पाऊंगा।'

'मेरी पसंद के फूल क्या अब भी आपके सिरहाने पड़े हैं?'

'जी, मेरे सिरहाने रखी मेज़ पर अब भी सफ़ेद फूलों के गुच्छे उसी तरह रखे हैं। दिलकश और तरोताज़ा! आज भी उन में आपकी यादों की खुशबू बसी है। आज भी मैं उसी शिद्दत से इसे महसूस करता हूं।'

'फूल क्या अब भी उसी तरह सफ़ेद हैं?... उन पर गर्द की परतें नहीं। ... मेरा दिल रखने की ख़ातिर तो आप ये सब नहीं कह रहे!'

अचानक फ़ोन की लाइन कट जाने से हमारी बातचीत अंधूरी रह गई।

कुछ और महीने गुज़र गए। तारीख़ों की नाव पानी की लहरों पर आगे-पीछे डोलती रही। इस बीच, फ़ोन पर हमारी आवाज़ें कुछ टूटी-टूटी सी रहीं। रिश्तों के तार जुड़े भी, तो इसी हद तक कि हमने एक-दूसरे की ख़ैरियत मालूम कर ली, या मौसम की बेरहमी और दिल-आज़ारी पर अपनी राय ज़ाहिर कर दी।

मेरे सिरहाने रखे सफ़ेद, लाल-सुर्ख़ फूल इन बदलते मौसमों के गवाह बने रहे!

उतरती सर्दियों के मौसम में, एक और रौशन सुबह!

मेरे दरवाज़े पर, तीसरी बार, कोई दस्तक सुनाई दे रही है।

मैं अपने बिस्तर में ही हूं। इस बात से पूरी तरह बेख़बर कि कोई, सुबह-सुबह, मेरे दरवाज़े पर दस्तक देने आएगा। मैं अपने कमरे से निकलकर दरवाज़े तक आया हूं। किचेन में चाय बना रहे मोहन ने दरवाज़ा पहले ही खोल दिया है।

दरवाज़े पर वही चेहरा दिखाई दे रहा है।
आज लेकिन उसके हाथ ख़ाली हैं। उनमें गुलदस्ते नहीं हैं।

'ख़ैरियत है ना!'

मैंने 'फ़्लावर-नुक' से आए नौजवान की तरफ़ चिंता-भरी नज़रों से देखा।

थोड़ी देर वो अपनी आंखें झुकाए खड़ा रहा। फिर संयत और शालीन लहजे में बोला-

'ख़ैरियत! ...शायद नहीं... मैं अपने गुलदस्ते वापिस लेने आया हूं...। आपके सिरहाने, छोटी मेज़ पर रखे हैं ना वो सफ़ेद और लाल-सुर्ख़

फूल, जो उन्होंने आपको भिजवाए थे।...'

'लेकिन...' मेरी बात मुकम्मल नहीं हो पाई।

दरवाज़े पर दस्तक देने वाला नौजवान शायद जल्दी में है।

'मुझे सफ़ेद और लाल-सुर्ख़ फूलों के गुच्छे लेकर फ़ौरन लौटना है। सब लोग इंतज़ार में हैं। उनकी वसीयत है... ये फूल भी उनके साथ दफ़न कर दिए जाएं।'

मैं टूटे क़दमों से अपने कमरे में आ गया हूं।
सिरहाने रखी मेज़ पर सफ़ेद, लाल-सुर्ख़ फूलों के गुच्छे उसी तरह पड़े हैं। महीनों से! बरसों से! शायद सदियों से!

मैंने सिरहाने रखी मेज़ से फूलों के गुच्छे उठा लिए हैं। उनपर सफ़ेद, बारीक, पारदर्शी कवर लगाया है। एक बार, इन फूलों को अपनी आंखों और पेशानी तक ले गया हूं। फिर, कांपते हाथों से, दोनों गुलदस्ते, दरवाज़े पर खड़े नौजवान को सौंपकर कमरे में लौट आया हूं।

आज मैंने फ़ोन पर कोई नंबर नहीं मिलाया है।

आज मेरे फ़ोन की घंटी नहीं बजी है।

आज मेरे कमरे में कुछ अनाम रिश्तों की धुंध फैल गई है!

एक किनारे पड़े, टेब्ल-कैलेंडर की तारीख़ें, टूट-टूट कर, बिखर रही हैं!

धुएं की बू

'मैं कहता हूं, अब इसे आगे पढ़ाने की ज़रूरत नहीं। पैसा बर्बाद करना है। इधर-उधर भटकता रहता है। जलसे-जुलूस में शरीक होता है। किसी दिन पुलिस की गोली से मारा जाएगा। इसीलिए मैं कहता हूं, स्कूल से नाम कटवा दो, छोटी बूबू...'

मामाजी ने धीमे स्वर में कुछ इस तरह अपनी बात कही कि अम्मा के अलावा कोई और उसे नहीं सुन सका। बहनें भी अपने काम में इस क़दर मशगूल थीं कि मामाजी की तजवीज़ उन्हें सुनाई नहीं पड़ी।

'मगर नाम कटवा कर करेगा क्या? फिर पढ़ाई में तो हमेशा अव्वल आता है। कभी पीछे नहीं रहा। यही तो हैरत की बात है। ऐसे में पढ़ाई छुड़ाना ठीक है क्या?'

अम्मा ने अपने छोटे भाई से असहमति जताई।

'फिर सोचो, छोटी बूबू, पढ़ाने की बजाए इसे अभी से किसी काम पर लगा दो। मेरे इलाक़े में मगही पान की बहुत अच्छी खेती होती है। अपने भी नौ-दस गांवों में पान की बड़ी खेती है। पटना से लेकर कलकत्ता-बनारस-लखनऊ तक से इलाक़े के मगही पान की मांग आती है। मैं कहता हूं, इसी काम में लगा दो। राजगीर-इस्लामपुर से पान की थोक सप्लाई का इंतज़ाम मैं खुद कर दूंगा। अच्छी कमाई होने लगेगी। थोड़े दिनों में ही रम जाएगा।'

मामा जी छोटी बूबू की ज़मीन-जायदाद के मुख़्तार-ए-आम थे। वो इनपर हद दर्जा भरोसा करती थीं। अपनी तजवीज़ पर छोटी बूबू को रज़ामंद नहीं होते देख मामाजी ने दूसरा पत्ता खोला।

'यह भी देखो कि घर में तीन-तीन बेटियां हैं। एक की शादी की उम्र हो रही है। कुछ बरसों में और दो बेटियों की शादी करनी है। पैसे कहां से आएंगे? भाई साहब भी जल्द ही रिटायर होने वाले हैं। फिर मुट्ठी-भर पेंशन से घर चलाना मुश्किल हो जाएगा।'

अम्मा इस बार कुछ पसीजती महसूस हुईं। सोचकर बोलीं -

'तुम्हारी बात तो जंचती है भाई... लेकिन मुझे पान की दुकान खोलने की तजवीज़ ठीक नहीं लगती... फिर इन्हें कौन समझाएगा? नहीं मानेंगे। मैं जानती हूं, किसी क़ीमत पर नहीं मानेंगे।'

'कैसे नहीं मानेंगे, एक बेटे को चश्मे की दुकान पर बैठाया है कि नहीं? दिल लगाकर काम सीख रहा है, और पैसे भी कुछ न कुछ कमा ही लेता है। मैं तो साफ़ कहता हूं, बच्चों की पढ़ाई पर पैसे ख़र्च करना बेकार है। अभी से उन्हें किसी काम-धंधे में लगा देना ही मुनासिब होगा।'

इस बार, मामाजी की बात का आख़िरी कुछ हिस्सा दालान से गुज़र रही बड़ी बहन के कानों में पड़ गया। झट से पूछ बैठी-

'किसके काम-धंधे की बात हो रही है, अम्मा।'

'तेरे सुनने की बात नहीं, जाकर अपना काम कर।'

मां ने तेवर दिखाते हुए कहा।

कहने को बड़ी बहन दालान से हट गई, मगर 'काम-धंधे' की बात उसके दिमाग़ में जैसे अटक गई हो। किसके काम-धंधे की चर्चा कर रहे थे मामाजी मां से, किसको काम पर लगाने का सुझाव दे रहे थे? और

मां ने आख़िर इस तरह डांटकर उसे क्यों हटा दिया?

मुंह बनाती हुई बड़ी बहन दालान के एक किनारे वाली कोठरी में दाख़िल हुई, जहां छोटी बहनें सेवई बनाने की तैयारी में जुटी थीं।

'मामा जी मां से खुसर-फुसर कर रहे हैं। किसी को 'काम-धंधे' पर लगाने की बात कह रहे हैं। पूछने पर मां ने डांटकर मुझे हटा दिया। क्या बात हो सकती है?'

बहनों ने अपने हाथ रोक लिए। एक ने कहा- 'जैसे मंझले भाई को काम पर लगा कर दुकान में बैठा दिया! अब किसे काम पर लगाना चाहते हैं?'

तभी मैं किताबें संभाले घर में दाख़िल हुआ। मामाजी को दालान में मां के पास बैठे देखकर पहले तो चौंका, फिर सीधे उन्हीं के पास पहुंचा।

'अरे मामाजी, आप कब आए? हमारे लिए रसियाव लाए हैं ना?'
मैं जानता था, मामाजी जब भी गांव से आते, रसियाव की हांडी उनके साथ ज़रूर होती।

'इस बार नहीं लाया बेटा। बाहर-बाहर आया हूं। कोर्ट-कचहरी के काम से। अगली बार ज़रूर लाऊंगा।'

मामाजी में मेरी सारी दिलचस्पी जैसे ख़त्म हो गई।

'इम्तेहान कब है, तेरा?' मामाजी ने पूछा।

'इम्तेहान कब का हो गया। आज तो रिज़ल्ट भी आ गया।'

'क्या हुआ रिज़ल्ट?' मामाजी ने पूछा, इस उम्मीद के साथ कि रिज़ल्ट में मैं ज़रूर ही फ़ेल हो गया होगा।

'फ़र्स्ट हुआ हूं, तीनों सेक्शन मिलाकर। प्रिंसिपल ने स्पेशल इनाम दिया है।' मैंने उत्साह-भरे लहजे में जवाब दिया।

जवाब सुनते मामाजी के चेहरे पर बर्फ़ की सिल चढ़ गई। जैकेट की जेब से बीड़ी निकाल सुलगाने लगे।

तुलाराम को लगा, मामाजी बीड़ी नहीं उसका रिज़ल्ट-शीट सुलगा रहे हों।

रिज़ल्ट की ख़बर ने बहनों में खुशी भर दी। वो एकदम से भूल गईं कि थोड़ी देर पहले ही मामाजी की 'काम-धंधे' की बात से किन अंदेशों में घिर गई थीं।

'अब आगे कितनी पढ़ाई करनी है। कोई काम-धंधे की बात सोच। पढ़ाई का ख़र्चा कौन उठाएगा। बहनों की शादी के लिए पैसे जुटाने हैं। भारी मुश्किल आने वाली है।' मामाजी ने तुलाराम को समझाने के अंदाज़ में कहा।

'लेकिन मेरी पढ़ाई पर ख़र्च ही क्या आता है? फ़ीस पूरी की पूरी माफ़ है। ऊपर से हर महीने स्टाइपेंड मिलता है। किताबों पर भी अलग से कोई ख़र्च नहीं। मुझे तो अपनी पढ़ाई पूरी करनी है। अभी और कुछ नहीं सोचना।'

मैंने जैसे मामाजी का सपना ही तोड़ दिया हो।

'छोटी बूबू, तुमने बच्चों को बहुत आज़ादी दे रखी है। तुम्हारे कहने में नहीं हैं सब।'

मुझे अच्छी तरह याद है, अम्मा ने मेरी भरपूर तरफ़दारी करते हुए मामाजी की तजवीज़ मानने से साफ़ इनकार कर दिया था।

मामाजी को हारती हुई बाज़ी पर दांव खेलने की आदत नहीं थी। ख़ामोश

होकर दालान में टहलने लगे। घर-भर को बीड़ी के तेज़-तेज़ कश की आवाज़ साफ़ सुनाई दे रही थी। उधर, दालान में, धुएं की बू फैल रही थी।

बहनों ने आंखों-आंखों में एक-दूसरे से बात की। उनके चेहरे पर इत्मीनान की लकीरें साफ़ दिख रही थीं।

उस शाम, जब अब्बू घर आए तो मामाजी ने अचानक ही रिज़ल्ट में मेरे फ़र्स्ट आने की खुशख़बरी देते हुए अपनी बात शुरू की। अब्बू ने ढके-छिपे प्यार के साथ मेरी तरफ़ देखा। फिर बोले-

'अब ज़ोर-शोर से फ़ाइनल इम्तेहान की तैयारी करनी है। अच्छा रिज़ल्ट हो जाए तो किसी बड़े कॉलेज में दाख़िला आसानी से हो जाएगा। प्रिंसिपल श्रीवास्तव कह रहे थे, कॉलेज की पूरी पढ़ाई का ख़र्च सरकार उठाएगी।'

पढ़ाई के ख़र्च की बात सुनकर मामाजी को पैसों की तंगी और घर की आर्थिक परेशानियों की याद हो आई। उन्हें अपनी तजवीज़ की एक खिड़की खुलती नज़र आई।

'सवाल सिर्फ़ इसकी पढ़ाई के ख़र्च का नहीं है। घर में और ज़िम्मेदारियां भी तो निपटानी हैं। बेटियों की शादी का मसला है। उसके बारे में भी तो सोचें। फिर आपका रिटायरमेंट भी नज़दीक है। मैं तो सोच रहा था, आमदनी के और रास्ते तलाशने चाहिए। आजकल पढ़ाई-लिखाई में क्या रखा है। पढ़-लिख कर भी तो बेरोज़गार ही रहना है। बड़ी बूबू के बेटे को ही देखें। पटना रहकर बी ए पास किया। मगर रोज़गार नदारद। हार मानकर गांव-घर बैठ गया। अब खेत-पथार की रखवाली करता है। ऐसी पढ़ाई से क्या हासिल!'

मैं दालान में खड़ा मामाजी की बातें ग़ौर से सुन रहा था। अब्बू के सामने

मेरी ज़बान मुश्किल से खुलती। लेकिन मेरे चेहरे के तेज़ी से बदलते रंग देखकर कोई भी अंदर उठने वाले तूफ़ान का अंदाज़ लगा सकता था।

दालान के किनारे-किनारे बैठी-खड़ी बहनों को अब्बू का जवाब सुनने की बेचैनी थी। अम्मा रसोई में खाना परोसने की तैयारी कर रही थीं।

खाना लग गया, तो अब्बू ने अपनी ख़ामोशी तोड़ी -

'तुम्हारा बड़ा बेटा पटना के किसी कॉलेज में पढ़ता है ना? किस क्लास में है?'

मामाजी को जैसे काठ मार गया हो। थोड़ी देर के लिए बेहद संजीदा हो गए। फिर किसी तरह हिम्मत जुटाकर बोले -

'मैं तो उसको भी पढ़ाई रोककर गांव-घर लौट जाने को कहता हूं। मुफ़्त में हर महीने हज़ारों-हज़ार गीले कर रहा है। मैं दबाव देता हूं कि गांव आकर खेती-बाड़ी संभाले। पढ़ाई को राम-राम कहे। अभी से, खेती-बाड़ी का हिसाब नहीं देखेगा तो कल होकर ये ज़िम्मेदारी कैसे संभालेगा। दुनिया-भर का केस-मुक़दमा, ज़मीन-जायदाद को लेकर, चलता रहता है। गांव-घर में भी पहले वाली बात नहीं रही। भाइयों में मनमुटाव रहता है। अकेले मुझे ही सब कुछ देखना पड़ता है। सोचता हूं, अगले साल उसे ज़रूर किसी तरह गांव आने के लिए तैयार कर लूंगा।'

'नहीं, यह बात ठीक नहीं। कम से कम, बी ए तो कर लेने दो। फिर सोचना।'

दालान के किनारे-किनारे खड़ी बहनों को अब्बू के जिस जवाब का देर से इंतज़ार था, वह शायद उन्हें मिल गया। सबने सुकून की सांस ली।

अगली सुबह मामाजी को लौटना था।

जाते वक़्त, मामाजी ने मेरे हाथ में पांच का नोट रखते हुए कहा -

'माफ़ करना बेटा, मैं तेरी पढ़ाई ख़त्म कराने के इरादे से आया था। मेरा इरादा फ़ेल हो गया। आगे मैं तुझे किसी काम-धंधे में लगाने की बात नहीं करूंगा।'

मुझे याद है, बोलते वक़्त मामाजी की आंखों में कुछ बूंदें छलक आई थीं। लेकिन मैं फ़ैसला नहीं कर पाया, ये बूंदें आत्मग्लानि की थीं, या पश्चाताप की!

आख़िरी राउंड का खेल

प्रतियोगिता आख़िरी दौर में थी। पहले दो राउंड बराबरी में रहे थे। तीसरा यानी अंतिम राउंड निर्णायक था। सबकी नज़र रूशी की सधी हुई उंगलियों पर टिकी थी।

अपने उलझे, बेतरतीब बालों को पेशानी से हटाते रूशी ने अपने मुक़ाबले बैठी नूरा को एक बार ग़ौर से देखा और अपनी निर्णायक बारी खेलने को तैयार हो गई। वो जानती थी, आख़िरी दौर की ज़रा-सी चूक भी उसे चैंपियनशिप के ख़िताब से दूर कर देगी। संभल कर खेलना और अपनी उंगलियों को बोर्ड पर साधे रखना जीत के लिए लाज़िमी था। लेकिन जाने क्यों आज उसका मन किसी गहरी उदासी में डूबा था।

सुबह पूरी तैयारी के साथ वो घर से निकली थी। ममा ने प्यार से नाश्ता खिलाया था, दूध का प्याला थमाया था और हॉर्लिक्स की बोतल। जब तक रूशी पूजा घर में थी, मां दरवाज़ा थामे खड़ी रही, उसके सिर पर अपने सफ़ेद आंचल का साया किए।

पूजा ख़त्म हो चुकी थी कि बाहर खाने की मेज़ पर रखे सेलफ़ोन की घंटी बजी। बेचैन क़दमों से रूशी फ़ोन की तरफ़ बढ़ी। फ़ोन उठाते ही घंटी बंद हो गई। लाइन कट गई थी। रूशी ने स्क्रीन पर नंबर देखा। फ़ोन उसी का था। अपनी तरफ़ से उसने दो-तीन बार नंबर मिलाने की कोशिश की। हर कोशिश नाकाम रही।

रूशी के पास ज़्यादा वक़्त नहीं था। साढ़े नौ बजे तक तमाम प्रतियोगियों को स्टेडियम पहुंचना था। पौने नौ बज चुके थे।

मां के हाथों से दो-चार निवाले मुंह में डालकर उसने दूध-हॉर्लिक्स का प्याला हलक़ में उंडेला। सेलफ़ोन उठाकर बैग में रखा और ऊपरी मंज़िल की सीढ़ियां लांघती नीचे उतर आई।

नीचे रूशी का भाई स्कूटर लिए उसका इंतज़ार कर रहा था।

'तेज़ चलो, बहुत थोड़ा वक़्त रह गया है'- रूशी ने कहा।

पिछले दिनों मूसलाधार बारिश के कारण रास्ते में जमा पानी से स्कूटर को बचाते हुए वो दोनों बड़ी सड़क पर आ गए, जहां से कुछ मिनटों में ही स्टेडियम पहुंचा जा सकता था।

अचानक रूशी को बैग में रखे सेलफ़ोन की हल्की घंटी सुनाई पड़ी। बैग खोलकर उसने सेल निकाला ही था कि आवाज़ बंद हो गई। स्क्रीन पर नंबर उसी का था।

मिस-काल का नंबर मिलाने में वो इस बार भी असफल रही। टावर से टेप किया हुआ मेसेज आता रहा- 'कॉल्ड नंबर अभी व्यस्त है, कृपया थोड़ी देर बाद डायल करें।'

थोड़ी देर बाद, वो स्टेडियम के गेट पर थी। उसका भाई उसे उतार कर 'गुड लक' कहता हुआ घर लौट गया था।

स्टेडियम के मुख्य लाउंज में ही तमाम प्रतियोगियों से उसकी मुलाक़ात हो गई। अच्छी-ख़ासी चहल-पहल थी चारों ओर। लेकिन रूशी का ध्यान कहीं थम नहीं रहा था। पूरी तरह दिमाग़ सेलफ़ोन पर टिका था। बार-बार उसकी उंगलियां उस एक नंबर पर रेंग रही थीं। लेकिन उधर से वही एक टेप्ड मेसेज- 'कृपया थोड़ी देर बाद डायल करें।'

रूशी हद-दर्जा विचलित हो रही थी।

रात उसने फ़ोन पर कहा था- 'मेरी शुभकामनाएं तो हैं ही तुम्हारे साथ। जीत तुम्हारी ही होगी। मेरी आंखें तुम्हें चैंपियनशिप ट्रॉफी जीतते देखकर ही बंद होंगी। तुम पूरे आत्मविश्वास के साथ खेलना। मैं तुम्हारे पास ही हूं। बिल्कुल ठीक हूं, मेरी चिंता नहीं करना।'

लेकिन आज सुबह से फ़ोन पर उससे बात नहीं होने के कारण रूशी किसी अनजाने ख़ौफ़ से परेशान थी। आख़िर मिस-काल का मतलब क्या है। उसकी तबीयत ज़्यादा ख़राब तो नहीं हो गई। उस पर बेहोशी के दौरे तो नहीं पड़े। तरह-तरह के ख़्याल मन में आते रहे।

एक लम्हे के लिए उसने सोचा, प्रतियोगिता से ख़ुद को बाहर कर ले। और भागती हुई उसके पास पहुंच जाए। लेकिन इसका मौक़ा नहीं था। आयोजक उसे तलाशते लाउंज में आ गए थे।

'बोर्ड तैयार है। तुम यहां क्या कर रही हो?' टूर्नामेंट के सेक्रेटरी ने रोबीली आवाज़ में पूछा।

'बस आ गई सर। घर से ममा का फ़ोन आ गया था। एक मिनट में आई, आप कृपया चलें।'

टूर्नामेंट हाल में दाख़िल होने से पहले रूशी ने और एक बार उसका नंबर डायल करने की कोशिश की। हल्की 'बीप' सुनाई दी तो उसे लगा इस बार लाइन ज़रूर मिल जाएगी और वो उसकी आवाज़ सुनकर ही बोर्ड पर मुक़ाबले के लिए उतरेगी। लेकिन एक लम्हा बाद ही 'बीप' दोबारा बिज़ी टोन में बदल गई।

रूशी जब टूर्नामेंट हॉल में दाख़िल हुई, उसका मन गहरी आशंकाओं से घिरा था। उंगलियों में कंपन की कैफ़ियत थी। आंखों पर चढ़े पावर वाले चश्मे के ग्लास पर ओस-जैसी बूंदें उभर आई थीं। बोर्ड के चारों ओर

खड़े दर्शक भी उसे अच्छी तरह दिखाई नहीं दे रहे थे।

इस तरह मैं प्रतियोगिता में शामिल कैसे हो सकूंगी, उसने सोचा! स्ट्राइक करते वक़्त मेरी कांपती उंगलियां क्या संतुलित रह पाएंगी!

रूशी को महसूस हुआ, उसे टूर्नामेंट से बाहर हो जाना चाहिए, कोई बहाना बनाकर। सिर में चक्कर, मिचली या कोई और हीला। उसके मुक़ाबले से बाहर होने का अर्थ होगा नूरा की एकतरफ़ा जीत और चैंपियनशिप का ख़िताब। क्या फ़र्क़ पड़ता है, नूरा ही चैंपियन हो जाए तो। वो भी तो आख़िर अच्छी खिलाड़ी है। हाल में ही एशियन टूर्नामेंट में उसका सामना नूरा से हुआ था, जिसमें नूरा दूसरे स्थान पर थी। जीत जाए नूरा ही तो क्या हर्ज।

मैच शुरू कराने के लिए अंपायर आ चुके थे। बोर्ड के ऊपर तेज़ दूधिया रौशनी के बल्ब जल गए थे।

रूशी को याद नहीं रहा कि सेलफ़ोन अब भी 'ऑन' हालत में उसके हाथ में ही है। आयोजकों द्वारा माइक पर सेलफ़ोन बंद करने की हिदायत दिये जाने पर ही उसे इसका ध्यान आया।

ठीक तभी सेलफ़ोन की घंटी बजी और एक क्षण बाद बंद भी हो गई। रूशी ने तड़प के साथ सेल पर नज़र डाली। स्क्रीन पर वही नंबर जैसे स्थिर हो गया हो।

मैच शुरू था। रूशी की आंखों में नमी के जो साये उभर आए थे, वो पहले राउंड में उसकी शानदार जीत के बाद भी नहीं उतरे। नूरा ने हाथ मिलाकर उसे बधाई देना चाही तो उसकी हथेलियां जल उठीं। तेज़ बुख़ार और आंखों की जलन से रूशी का बदन कांप रहा था।

मैच का दूसरा राउंड नूरा के पक्ष में रहा। इस कारण दर्शकों की दिलचस्पी अंतिम राउंड में बढ़ गई थी। हाल खचाखच भरा था। स्ट्राइकर की आवाज़ के बीच दर्शकों की सांसें आसानी से महसूस की जा सकती थीं। हाल कभी-कभी तालियों की गड़गड़ाहट से गूंज उठता था।

अंतिम राउंड के पहले थोड़ा-सा अंतराल था। आयोजकों ने चाय-कॉफ़ी की मुहलत दी थी।

ब्रेक में रूशी ने सेलफ़ोन 'ऑन' कर दिया। फ़ोन 'ऑन' होते ही स्क्रीन पर पहले से स्टोर किया मैसेज उभरा- 'आई एम विथ यू, डियर! बेस्ट ऑफ लक, नाउ ऐंड एवर।' मेसेज के बाद उसका नाम अंकित था।

आख़िरी राउंड रूशी के लिए इतना सुगम और हल्का हो सकता है, दर्शक सपने में भी नहीं सोच सकते थे। खेल रूशी ने शुरू किया तो उसे जीत की मंज़िल तक ले जाने का सपना भी उसकी बारीक और ख़ूबसूरत उंगलियों ने ही पूरा किया।

चैंपियनशिप ट्रॉफ़ी लेकर हाल से निकलते-निकलते वो कैमरा वालों से घिर गई। संवाददाताओं ने 'आगे आपकी मंज़िल क्या है' जैसे परिचित सवाल पूछे। रूशी ने सिसकियों के बीच आधे-अधूरे जवाब दिए और भागती-भागती लाउंज के एक किनारे निकल आई। फिर बैग से सेलफ़ोन निकाल इसे ऑन किया।

नंबर डायल करना ही चाहती थी कि सेलफ़ोन के स्क्रीन पर उसका नंबर उभर आया और घंटी बजने लगी।

कांपते हाथों से रूशी ने फ़ोन खोला, और इससे पहले कि उधर से कोई आवाज़ आए, वो बोल उठी- 'मैच के दौरान आप मेरे साथ थे ना, इसीलिए मैं जीत गई। ट्राफ़ी लेकर अभी सीधे आपके पास आ रही

हूं... बस अभी... मैं बहुत खुश हूं, लेकिन बहुत दुखी भी हूं... सवेरे से बात करने को बेचैन हूं... फ़ोन... लेकिन...'

उधर से किसी ने रूशी की बात काटते हुए कहा- 'लेकिन... बेबी जी... भैया... आज सवेरे गुज़र गए। सीने में बेहद तकलीफ़ थी। बार-बार आपको फ़ोन लगाते थे। आंख-बंद करने से पहले कहा, शाम के पहले मेरे मरने की ख़बर रूशी को नहीं देना, आज उसका फ़ाइनल मैच है... भैया की लाश कल सुबह उनके गांव जाएगी। वहीं दफ़न होंगे...'

फ़ोन पर ज़ार-क़तार रोनेवाली यह आवाज़ उसके नौकर हाकिम की थी। सेलफ़ोन का स्क्रीन गहरी ख़ामोशी में डूब गया था!

मरगंगा में दूब

घोसवरी से सरमेरा होकर बरबीघा और उसके आगे तक जाने वाली सड़क, जगह-जगह खाड़ में तब्दील हो गई है। खांड़ की गहराई नापने के प्रयास कई बार हुए हैं। लेकिन हर बार यह प्रयास अधूरा रहा है। अब तो ख़तरा इस क़दर बढ़ गया है कि दिन के वक़्त भी कोई चार पहिया गाड़ी इस रास्ते होकर नहीं गुज़रती। साइकिल-सवार तक चलना जोखिम मानते हैं।

जहां से सड़क पर खांड़ों का अंतहीन सिलसिला शुरू होता है, वहां से दो-ढाई किलोमीटर पूरब, धनकडोभ से आगे, टाल में जयमंगली माता की पीड़ी अवस्थित है। पीड़ी के पास में ही खड़े हैं, नीम, बड़ और पीपल के पुराने पेड़, जिनके तने बज़ाहिर मज़बूत और दमदार दिखाई देते हैं, लेकिन जिनकी ऊपरी सतह की जड़ों के चारों ओर की मिट्‌टी, कहीं-कहीं, भसक गई है। मिट्‌टी भसकने मात्र से ही जड़ों के ज़मीनी रेशे बाहर झांकने लगे हैं।

जयमंगली माता की पीड़ी पर आने वाले श्रद्धालुओं की भीड़ में आज भी कोई कमी नहीं हैं। हमेशा की तरह, आज भी, वहां भक्तों का मेला लगा है। मन्नतें-मुरादें मांगने का दौर जारी है।

टालवासी मानते हैं, जयमंगली माता की कृपा होगी, तभी गांव-जवार में अमन-चैन क़ायम रहेगा। तभी टाल की मिट्‌टी नरम होगी, धरती सिंचेगी

और फ़सलें बोई जा सकेंगी।

जयमंगली माता ने नज़रें फेर लीं तो टाल की विशाल धरती का आंचल तार-तार हो जाएगा और किसानों की बोरियों के बीज यूं ही सूखकर बिखर जाएंगे।

टाल के निवासी अच्छी तरह जानते हैं, जयमंगली माता के आशीर्वाद के बिना उनका कोई काम निर्विघ्न नहीं होता। घंटों-घंटों की किसानी के बाद उनका माता की पीड़ी पर आ-बैठना केवल माता के लिए उनकी श्रद्धा का सूचक नहीं है। यही तो एक जगह है, जहां वो भक्ति-भाव के अलावा अपने गिले-शिकवे लेकर भी आते हैं। असीम धैर्य और ममता की मूर्ति, जयमंगली माता उनके सारे गिले-शिकवे सुनती हैं और उन्हें एक नयी आशा और उत्साह से भर-भर देती हैं। माता की शरण में आनेवाले श्रद्धालुओं की सारी तकलीफ़ें और थकान जैसे एकबारगी मिट जाती हैं। और वो तेज़-तेज़ क़दमों से अपने टोले-मुहल्ले लौट जाते हैं।

लेकिन माता की इस पीड़ी पर आज जब टालवासियों का हुजूम पहुंचा तो उन्हें चारों तरफ़ वीरानी और सन्नाटा दिखाई पड़ा। आम दिनों का उत्साह उन्हें आज वहां महसूस नहीं हुआ।

सन्नाटे को देखकर, कोई टालवासी भीड़ के बीच से बोला- 'माता नाराज़ हैं हम से। माता ने अपना आशीर्वाद समेट लिया है। तभी तो टाल सूखा पड़ा है। एक बूंद पानी नहीं है यहां। भीषण अकाल पड़ने वाला है।'

'लेकिन क्यों, माता हमसे नाराज़ क्यों होंगी? हमसे आख़िर ग़लती क्या हुई है? हम तो हमेशा यहां माता की पीड़ी पर सिर झुकाते हैं, अपनी विपदा सुनाकर उनका आशीर्वाद लेते हैं। माता हमसे नाराज़ कैसे हो सकती हैं?'

'क्यों नहीं होंगी नाराज़ माता हम से?'

भीड़ में शायद सबसे बड़ी उम्र के थे जामुन महतो, जो अपनी ज़बान बंद नहीं रख पाए। एकदम से पीड़ी से उठकर बदहाल पेड़ों के पास आ गए और बोले–

'हालत देखों इन पेड़ों की। हमने इनकी मिट्टी तक खोद डाली है। सारी जड़ें, जो धरती के सीने में धंसी रहती थीं, बाहर-बाहर, नंगी दिखाई दे रही हैं। कितने दिन हो गए, हमने इन जड़ों पर मिट्टी नहीं डाली, इनके तनों को ढंकने का काम नहीं किया। माता को छांह देनेवाले इन पेड़ों की हालत हमने कैसी बना रखी है! बोलो, चुप क्यों हो? ऐसे में माता हमसे नाराज़ नहीं होंगी तो क्या होंगी?'

जामुन महतो की बात सुनकर भीड़ में सबकी निगाहें पेड़ों की ओर मुड़ गई हैं। हल्की हवाओं के बावजूद पत्तियों में कोई हरकत नहीं है। डालियां, जो कब से झुकी थीं, अब भी झुकी हैं। मगर उनमें भी जैसे कोई स्पंदन नहीं रह गया है।

टालवासियों को अचानक नीम, पीपल और बड़ के पेड़ सिमट-सिमट कर छोटे होते महसूस हुए। डालियां छोटी होते-होते तने का हिस्सा बनती दिखाई दीं। पेड़ों की ऊंचाई, उनका दायरा एकदम से सिकुड़ता नज़र आया। टालवासियों के मुंह से एक-साथ लंबी चीख़ निकली।

'माता! हमारी रक्षा करो। हमारी ग़लतियों को माफ़ करो। हमने बरसों-बरस इन पेड़ों की जड़ों को मिट्टी नहीं दी। इनके तनों को हमने ढंका नहीं। हमने पाप किया, माता! हमें माफ़ी दो। हम सब तुम्हारी संतान हैं, माता! हमारी रक्षा करो।'

जामुन महतो की आवाज़ रुंध गई है।

यकायक, श्रद्धालुओं की भीड़ ने देखा, जामुन महतो पीपल के पेड़ की जड़ों पर पसर गए हैं। अपने दोनों हाथों से उन्होंने जड़ों से बाहर

झांकने वाले रेशों को ढंक लिया है।

देखते- देखते श्रद्धालुओं की पूरी जमात माता की पीड़ी से उठकर पेड़ों के इर्द-गिर्द जमा हो गई है। सबकी आंखें भीग रही हैं। सबके आंसू सूखी जड़ों को सींच रहे हैं!

पुरानी उम्र के टालवासी याद दिलाते हैं, एक बार पहले भी, चालीस साल पीछे, टाल पर ऐसा ही संकट आया था। दो दिशाओं से आने वाली धनाइन और बगदादी नदियां माता की नाराज़गी के कारण बिलकुल सूखी रह गई थीं। तीसरी, इनमें सबसे बड़ी नदी, हरोहर भी अपना रास्ता भूल गई थी। तिरमुहान में पानी के तीनों सोते मर गए थे।

पूरे टाल की धरती में दरार पड़ गई थी।

टाल में वैसा अकाल फिर कभी नहीं देखा गया।

टाल के गांव पानापुर का भी यही हाल हुआ था। उत्तर में हरोहर और पश्चिम में समाय नदी सूनी पड़ गई थी। ज़मीनदारों की कचहरी भी पूरी तरह सुनसान थी।

उत्तर में हरोहर और पश्चिम दिशा में टांटी नदी से घिरे कुसुम्हा के तीनों टोले, जोरपार, डीहपर और घाट कुसुम्हा जल-शून्य हो गए थे। नदी की संपूर्ण लंबाई के दोनों ओर बसे पच्चीसों गांव के मज़दूर-किसान टाल की वीरान धरती देख-देख दहाड़ें मारने लगे थे। पश्चिम में बिरौनी, गगौर और कोयला गांव, उत्तर में गदवदिया, सरौरा और पाली, पूरब में मुरबरिया, फादिल और ऐजनी गांव पूरी तरह वीरान थे।

तब, टालवासियों को याद है, टाल की तीन-चौथाई आबादी भुखमरी से बचने के लिए पंजाब-गुजरात की मंडी की ओर पलायन कर गई थी।

उस वक़्त भी टालवासियों ने इसे जयमंगली माता की नाराज़गी बताया

था। और सारे गांव ने संकल्प लेकर पेड़ों के तने पर मनों मिट्टी डाली थी। फिर खुद प्यासे रहकर, मीलों-मीलों दूर से लाए गए पानी से पेड़ों को हरा-भरा रखने की कोशिश की थी। तब उनकी कोशिशें माता के आशीर्वाद से फलीभूत हुई थीं। पेड़ों पर पत्तियां लौट आई थीं। सूखी नदियों में रातोंरात पानी के सोते फूट पड़े थे।

टालवासियों को अचंभा था कि पानी का मौसम गुज़र जाने पर भी नदियों में ये उछाल किस की कृपा से संभव हुआ है। तब बिना अपवाद तमाम टालवासियों ने जयमंगली माता की पीड़ी पर हफ़्तों-हफ़्तों पूजा की थी, चढ़ावा दिया था। उन्हें याद है, चढ़ावा देकर लौटते समय अक्सर वो मूसलाधार बारिश में भीग-भीग गए थे।

लेकिन आज, इतने बरसों बाद, टाल की धरती दोबारा सूखी पड़ी है। तमाम दिशाओं से आनेवाली नदियों ने अपनी आंखें मूंद ली हैं। टाल के खेत, जहां बारह-पंद्रह फ़ीट पानी उछालें मारता रहता था, आज पानी के स्पर्श को भी तरस रहे हैं। टाल में जंगली घास बेतरह उग आई है। उनमें कीड़े लगना शुरू हो गए हैं। माल-मवेशी भी इस जंगली घास से परहेज़ करते हैं।

जहां तीन-तीन चार-चार महीने पानी का साम्राज्य होता था और टाल के गांव टापुओं की तरह दिखते थे, वहां अब डीह हों या टीले, उजड़ी बस्तियों का दृश्य उपस्थित करते हैं। गांव-घर की छोटी-छोटी बच्चियां जंगली घास काटकर मुट्ठी-भर कमाई को विवश हैं। शादी-ब्याह का मौसम आकर गुज़र जाएगा। जाने कितनों के हाथ इस बरस भी पीले होने से रह जाएंगे।

कहते हैं, एक बार गंगा मय्या अपने दोनों बाजू बसे गांववालों के उत्पात

से तंग आकर रूठ गयी थीं, तो उनकी गोद से निकलने वाली सारी की सारी छोटी-बड़ी नदियों के पानी पर क़हर छा गया था। सारी धाराएं सूख गई थीं। तब इन धाराओं को 'मरगंगा' कहा गया था। पुराने लोग याद करते हैं कि इस संकट की घड़ी में जयमंगली माता ने ही गंगा मय्या को संदेश भेजकर गांववालों की ओर से माफ़ी मांग ली थी और गंगा तक पहुंचने वाली सभी धाराएं दोबारा ज़िंदा हो उठी थीं।

टालवासी कुछ उन्हीं यादों में खोये थे कि अचानक जामुन महतो ने गमछे से अपने आंसू पोंछते हुए रामू ढाढ़ी को आवाज़ दी-

'जयमंगली माता ने हमें माफ़ कर दिया है, रामू, देख पेड़ की डालियां दोबारा अपने तने तक फैल गई हैं, और देख पत्तियों में भी हरकत आ गई है। और हां, देख आसमान में जिधर-तिधर बादल भी दिख रहे हैं। इस बार टाल छोड़कर कोई बाहर नहीं जाएगा, रामू। माता मान गई हैं। हम सब यहीं रहेंगे। माता की कृपा से बादल बरसेंगे, धरती को ज़रूरत-भर पानी मिल जाएगा। हम अपने बीज उसकी गोद में ज़रूर डाल देंगे, रामू। देख, कह दे, सारे गांव को कह दे, कोई बाहरी मंडियों में नहीं जाएगा। बादल बरसेंगे, रामू। देख, देख माता की पीड़ी पर भी फुहारें गिर रही हैं।'

टालवासियों ने हैरत-भरी आंखों से जामुन महतो की तरफ़ देखा। बोलते-बोलते, जामुन महतो अचानक रुक गए हैं। पीपल के तने को देर से पकड़े उनके हाथ ढीले पड़ गए हैं।

मीलों दूर, मरगंगा की मृत धारा की ऊपरी सतहों पर हरी दूब उग आई है!

दो

काले जिस्मों की आग

सातवीं मंज़िल की ज़िंदगी न तो अच्छी होती है, और न बुरी। अच्छी इसलिए नहीं होती कि यहां रहकर आप जगमग सितारों वाले आसमान को नहीं देख पाते। न ही आप की नज़रें उस जानी-पहचानी ज़मीन तक पहुंचती हैं, जहां हरी-हरी घास उगी होती है और पेड़-पौधे माहौल को कई-कई रंगों से सजा कर रखते हैं।

लेकिन सातवीं मंज़िल की ज़िंदगी बुरी भी नहीं होती। बुरी इसलिए नहीं होती कि यहां से नज़रें नीचे झुकाकर देखने पर लोग अपने असली क़द में ही दिखाई देते हैं। छोटे-छोटे, बौने-बौने! अपने सिर उठाकर ऊपर की तरफ़ देखना चाहें, तो भी उनका असली क़द उन्हें कीड़े-मकोड़ों की जमात से ऊपर उठने नहीं देता। वो बस अपनी उस बौनी दुनिया, बौने संसार में उछल-कूद करते रहते हैं। इतना ज़रूर है कि उन्हें इस बात का अहसास तक नहीं होता कि कुछ आंखें सातवीं मंज़िल से लगातार उन्हें देख रही हैं।

मैं इस वक़्त जिस सातवीं मंज़िल पर हूं, उसके साथ भी कुछ ऐसा ही है। फ़र्क़ सिर्फ़ इतना है कि यहां से नीचे देखने पर मुझे कीड़े-मकोड़ों का क़द भी अपने क़द से कुछ ऊंचा ही नज़र आता है।

सातवीं मंज़िल की दीवारों पर, जगह-जगह, बड़े आकार के आइने लगे हैं। जिनमें आप आसानी से अपने-आप को, सिर से पैर तक, देख सकते हैं। सचमुच, अगर आपका क़द कुछ 'शान' बढ़ाने वाला

होता तो आपकी पेशानी, या सिर के बाल, आइने के ऊपरी हिस्से को छू रहे होते। पर आप तो आइने के फ्रेम के निचले हिस्से से बस कुछ ही ऊपर दिख रहे हैं। फिर आप का क़द, सात मंज़िल नीचे, ज़मीन पर रेंगने वाले, कीड़े-मकोड़ों के क़द से ऊंचा कैसे!

सातवीं मंज़िल पर रहते, मैंने शायद ही कभी सोचा हो कि कभी-कभी, ज़मीन पर रेंगने वाले, बौने आकार के जीव-जन्तु, तफ़रीह के लिए, नज़रें उठाकर ऊपर देखने पर क्या सोचते होंगे। पहली मंज़िल से सातवीं मंज़िल तक उठती उनकी आंखें सपाट दीवारों, बंद खिड़कियों के शीशों और मोटे-पतले पाइप की क़तारों के बीच, कोई ज़िंदा चेहरा ज़रूर तलाशती होंगी।

कहीं, किसी अध-खुले दरवाज़े या खिड़की, या फिर छोटी-सी बालकनी के किसी कोने पर, कोई चेहरा नज़र आ भी जाए तो उसके ज़िंदा होने में शक होता है, इन कीड़े-मकोड़ों को। दरअसल, इतने फ़ासले से, वो सातवीं मंज़िल पर रहने वालों के चेहरे देखकर उन पर छाई खुशी या ग़म की लकीरों का फ़र्क़ नहीं समझ पाते। सच पूछें, तो वो ठंडी आहें भरकर रह जाते हैं। अपने दिल के किसी कोने में वो यह हसरत भी नहीं पाल सकते कि कोई, एक दिन, उन्हें भी सहारा देकर सातवीं मंज़िल की ऊंचाइयों तक पहुंचा दे। ताकि वो इस सातवीं मंज़िल के सच्चे तिलिस्म को अपनी खुली आंखों से देख सकें।

इसी सातवीं मंज़िल की एक, घने अंधेरे वाली रात, मैंने दीवारों पर, सलीब की तरह टंगे आइने से नज़रें चुरा कर नीचे, पहली मंज़िल से भी नीचे, ऊबड़-खाबड़ ज़मीन की तरफ़ देखा। मुझे काले जिस्मों का एक ख़ौफ़नाक हुजूम, गोल बनाकर, उस तेज़ जलने वाली आग के चारों ओर बैठा दिखाई दिया। काले जिस्मों से चिंगारियां फूटती, उनकी आंखों से शोले बरसते, मुझे साफ़ दिख रहे थे।

काले जिस्म, जो इस वक़्त कीड़े-मकोड़े नहीं लग रहे थे, और जिनका क़द सातवीं मंज़िल पर रहने वाले किसी भी आदमी के क़द से ऊंचा लग रहा था।

मेरे लिए सातवीं मंज़िल की खिड़कियां मौत के दरवाज़े बन गई थीं। मैंने एक झटके में खिड़कियां बंद कर दीं। अंधेरे में अचानक ही मेरा बौना, कीड़े-मकोड़ों जैसा बदन उस दीवार से टकराया, जहां बड़े क़द का एक आइना टंगा था। आइना मेरे बदन से टकराकर एक लम्हे को हिला, फिर सातवीं मंज़िल के चमकदार फ़र्श पर गिरकर चूर हो गया।

सातवीं मंज़िल की राहदारियों में सन्नाटा है।
नीचे, काले जिस्मों की आग और भड़क उठी है!

डंपिंग ग्राउंड

वह एक असाधारण मंच था। कई मायने में, असाधारण। पर्दा हटा, तो मंच पर अंधेरे के सिवा कुछ नहीं था। संपूर्ण अंधेरा!
ऐसे अंधेरे आपने कम देखे होंगे!

मुझे याद है, पर्दे का रंग भी स्याह था। संपूर्ण स्याह! नेपथ्य से आनेवाली आवाज़ का रंग भी स्याह होता, तो यक़ीन करना मुश्किल था कि पर्दा दरअसल हटा भी है, या नहीं। लेकिन, आप तो जानते हैं, आवाज़, तेज़ हो या धीमी, हास्यपूर्ण हो या दुखद, इसका कोई रंग नहीं होता। इसलिए नेपथ्य से आवाज़ उभरी, तो दर्शकों ने मान लिया कि पर्दा उठ गया है, और उनकी नज़रें मंच पर टिक गईं।
लेकिन ये क्या, मंच तो पूरा तारीकी में डूबा था!

यकायक, पर्दे की ओट से, ऊपर की दिशा को जाती, दर्शकों को रौशनी की एक बारीक लकीर दिखाई दी। लकीर मंच की पुश्त के ऊपरी किनारे तक तेज़ी से गई, फिर नीचे की ओर सरकती नज़र आई। तब तक, मंच पर, इस लहर-जैसी लकीर के सिवा और कुछ नहीं था। कुछ भी नहीं!

लकीर, दर्शकों ने देखा, नीचे की ओर सरकती रही। मुझे याद है कि नीचे की ओर सरकते वक़्त इसकी रफ़्तार, पहले के मुक़ाबले, कम थी। मंच की पुश्त के निचले किनारे को छूती हुई रौशनी की यह बारीक लकीर कुछ

लम्हों के लिए थम-सी गई थी। दर्शकों ने विस्मित नज़रों से देखा, रौशनी की इस बारीक लकीर के घनत्व में ज़रा भी फ़र्क़ नहीं पड़ा था। बिल्कुल पहले जैसी ही थी यह लकीर, जैसे कि वो मंच के एक किनारे से अंधेरे को चीरती उभर रही हो।

दर्शकों ने अपनी सांसें रोक रखी थीं। जैसे उनके सिरों पर निःशब्दता का शामियाना तन गया हो, और इसकी तनाबें कुछ अदृश्य हाथों ने थाम रखी हों। भरे-पूरे प्रेक्षागृह की छत से, नीचे की ओर गिरने वाली रौशनी की बूंदें, कभी-कभी, उन्हें हल्की ठंडक का एहसास दिला जाती थीं। लेकिन ये बूंदें, रौशनी की, उनकी निःशब्दता को तोड़ने में कामयाब नहीं थीं।

तभी, यकायक, रौशनी की ये लकीर दर्शकों की दिशा में, आगे की ओर, बढ़ती दिखाई देने लगी। दर्शक जैसे घबरा उठे हों। रौशनी की ये बारीक लकीर उन्हें नेज़े की तरह अपनी ओर आती महसूस हुई। प्रेक्षागृह की छत से टपकने वाली रौशनी की बूंदें थम गई थीं। दर्शक अपनी सांसें रोके, तेज़ी से आगे बढ़ती रौशनी की लकीर से ख़ौफ़ज़दा हो रहे थे। फिर, उन ने देखा, रौशनी की लकीर, मंच के मध्य में, बिल्कुल मध्य में, आकर ठहर गई। दर्शकों ने राहत की सांस ली। पहली बार, पर्दा उठने से लेकर अब तक, पहली बार, उन्हें सुकून का एहसास हुआ, और, अंधेरे के बावजूद, उनकी आंखों ने, मंच के बिल्कुल केंद्र में, उस दायरे को देखा, जो रौशनी की बारीक लकीर के विस्तार से उभर रहा था। रौशनी का एक दायरा, जिसने मंच पर अंधेरे के द्वीपाकार अस्तित्व को पूरी तरह ढंक लिया था!

नेपथ्य से आनेवाली आवाज़, जिसका रंग बिल्कुल ही स्याह नहीं था, और जो दर्शकों के कानों तक आसानी से पहुंच रही थी, लंबे अंतराल पर, दोबारा सुनाई देने लगी- 'ये जो रौशनी का घेरा है, या फिर आप इसे दायरा कह लें, इसने मंच के बीचोबीच हमारी-आपकी ज़िंदगी के

उजाड़पन-भरे अंधेरे को अपनी गिरफ़्त में ले लिया है। इस अंधेरे में हमारे वजूद की नाकामियां क़ैद हैं, और हमारी खुशियां भी। इस अंधेरे ने चार दिशाओं में, हर सिम्त, अपने जाल फैला रखे हैं। रौशनी की ये बारीक लकीर, जो पर्दा हटने के बाद, मंच के एक किनारे से उभरी थी, और जो मंच की पुश्त पर ऊपर तक फैल गई थी, इसने अब एक दायरे की शक्ल इख़्तियार कर ली है। दायरा, जिसकी गोद में हमारी नाकामी, हमारी नफ़रत, हमारी ईर्ष्या छिपी है। ईर्ष्या, जो हमारे उजाड़-भरे अंधेरे, हमारी ज़िंदगी के सन्नाटे की एक गुमनाम पहचान बन गई है।'

नेपथ्य से आनेवाली आवाज़ जारी ही थी कि यकायक मंच पर रौशनी का एक धमाका-सा हुआ। रौशनी की वो बारीक लकीर, जिसने अभी-अभी, दर्शकों की नज़रों के सामने, एक दायरे की शक्ल ले ली थी, और जिसकी गोद में हमारे वजूद की नाकामियां और हमारी नफ़रतें छिपी थीं, मंच के मध्य-बिंदु से अचानक ग़ायब हो गई थी। रौशनी का व्यापक विस्फोट इस दायरे को जैसे निगल गया हो!

दर्शक भौंचक थे, लेकिन धैर्यवान भी। उनकी अनुभवी आंखों ने, मंच पर, भय और आतंक के अनेक दृश्य देखे थे। आंधी-तूफ़ान, बर्फ़बारी, हिंसा, मौत के कई-कई मंज़र, उनकी आंखों से बारहा गुज़रे थे। पर आज से पहले, उन्होंने कभी वैसा-कुछ नहीं महसूस किया था, जैसा इस प्रेक्षागृह के सन्नाटे में आज वो कर रहे थे। हर लम्हा एक नामालूम अंदेशे की तरह उनके ज़ेहन के पर्दे पर उभर और डूब रहा था।

तेज़ रौशनी के धमाके से चुंधियाई उनकी आंखें स्थिर हुईं, तो उन्हें मंच के केंद्र में एक ख़ौफ़नाक खाई नज़र आई। स्याह और ख़ौफ़नाक एक खाई, जिस के दहानों से चिंगारियां फूट रही थीं।

प्रेक्षागृह में छोटे बच्चे नहीं थे। बिल्कुल नहीं थे। बच्चियां भी नहीं थीं। बिल्कुल नहीं थीं। औरतें थीं, ज़रूर। तो क्या हैरत और ख़ौफ़ में डूबी ये सिसकती आवाज़ें इन औरतों की ही थीं! नहीं, तो फिर प्रेक्षागृह में शोक

और विस्मय की ये तरंगें कहां से उठ रही थीं!

नेपथ्य रौशनी के धमाके में डूब गया हो, जैसे। कहीं कोई सुगबुगाहट नहीं थी। दर्शकों की तेज़-तेज़ चलने वाली सांसों के सिवा, और हां, अगर इन्हें औरतों की सिसकियां मान लें तो, इनके सिवा प्रेक्षागृह में और न कोई आवाज़ थी, न हरकत। ख़ामोशी में डूबे चेहरे ज़रूर थे, प्रेक्षागृह में। अपनी-अपनी कुर्सियों से चिपके, उदास चेहरे। जिनके जिस्म उनके चेहरों से अलग हो गए थे!

तभी मंच पर रौशनी का एक और धमाका हुआ। पहले से भी तीव्र गति से मंच पर फैलने वाला एक धमाका! दर्शकों की आंखें मंच पर बिखरती रौशनी की किरणों से बिंध गईं। मंच की सतह पर, अचानक, इस किनारे से उस किनारे, सैकड़ों चेहरे दिखाई देने लगे। चेहरे, जो अब अपने जिस्मों के साथ, नेपथ्य से उभरने वाली किसी आकर्षक धुन पर थिरक रहे थे!

मंच के मध्य में, थोड़ी देर पहले, चिंगारियां उगलनेवाली जो भयानक खाई दर्शकों को दिखाई दे रही थी, वो अब समतल ज़मीन बन गई थी। प्रेक्षागृह का विराट मंच गुलाब की पंखुड़ियों से पट गया था!

दर्शकों ने देखा, पर्दा गिर रहा है। और नेपथ्य से एक जानी-पहचानी आवाज़ उभर रही है-

'अभी-अभी, आपने, मंच पर, जो कुछ देखा, हमने उसे 'डंपिंग ग्राउंड' की संज्ञा दी है!'

खेल शायद ख़त्म हो चुका है

उसने फ़ातेहाना अंदाज़ में मेरे हाथों की तरफ़ देखा, जो हथकड़ियों से जकड़े हुए थे। फिर उसने मेरे पैरों पर नज़र डाली। वो बेड़ियों में थे। एक बार उसने मेरे होंठ टटोले, शायद सिर्फ़ यह देखने को कि इन में कोई हरकत या जुंबिश बची है या नहीं। फिर उसने अच्छी तरह मेरी आंखों में झांका। मुझे लगा, शायद परखने के लिए कि उनमें अब भी कोई सपना तो नहीं पल रहा।

एक घूमती हुई नज़र उसने मेरी गर्दन, और शायद मेरी रीढ़ की हड्डी पर भी डाली। वो अपनी तसल्ली कर लेना चाहता था कि मेरी गर्दन कितने कोण तक उठी या झुकी हुई है। या फिर मेरी रीढ़ की हड्डी क्या अब भी पहले की तरह तनी हुई है।

उसने मेरे कानों को बख़्श दिया। यह जानने की ज़हमत नहीं उठाई कि उनके पर्दे सही-सलामत हैं या नहीं।

मुकम्मल जांच-परख से शायद वो संतुष्ट हो गया था। तभी तो उसने अपने कारिंदों से कहा-
'पहले हथकड़ियां, फिर बेड़ियां खोल दी जाएं।'

उसकी आंखों के इशारे पर चलने वाले कारिंदों ने हथकड़ियों में चाभी डाली, और मेरे दोनों हाथों को एक-दूसरे से अलग, आज़ाद कर दिया। वर्षों बाद, मैंने अपने हाथ ऊपर-नीचे हिलाए, अपनी हथेलियां जोड़ीं,

और अपनी उंगलियों को एक-साथ फंसा कर देखना चाहा कि इनमें क़लम पकड़ने की ताक़त बाक़ी है या नहीं।

फिर उसके कारिंदों ने लोहे की गर्म सलाख़ों से मेरी बेड़ियां काटीं। मैंने देखा, बेड़ियां काटते वक़्त, सलाख़ों से चिंगारियां निकल रही थीं।

हर बार, जब सलाख़ों से तेज़ चिंगारियां निकलतीं, वो चौंक कर एक क़दम पीछे हट जाता।

मुझे याद है, एक बार तो उसने अपने कारिंदे को शक की निगाह से भी देखा-

'इतनी चिंगारियां कहां से निकल रही हैं। उन्हें फैलने से रोको।'

ग़रीब कारिंदा, हुक्म का गुलाम, उस लम्हा सहम गया था। मैंने खुद महसूस किया, उसके हाथ कांपे थे। पर वो ज़रूर ही संभल गया था।

मेरी बेड़ियां काटने में ज़्यादा देर नहीं लगी। इस बीच, वो खुद वहां मौजूद रहा, अपने सलाहकारों के साथ।

हथकड़ियां खुल गईं, बेड़ियां कट गईं, तो मैं दीवार का सहारा लेकर खड़ा हुआ। मेरे पैर ज़रा देर के लिए लड़खड़ाए। मेरी रगों में, वर्षों से जो ख़ून के क़तरे, आहिस्ता-आहिस्ता, सरक रहे थे, एकबारगी दबाव में आकर उबले। मुझे अपनी रगें फटती महसूस हुईं। मैं थोड़े समय के लिए घबराया। अंधेरे का एक हल्का बादल थोड़ी देर के लिए मेरी आंखों के सामने उभरा। लेकिन मैं शायद संभाल सका था अपने को।

तभी मुझे उसकी आवाज़ सुनाई दी-

'तुम्हारे हाथ-पैर आज़ाद हैं अब। तुम चल सकते हो, अपने हाथों से अपने काम निपटा सकते हो। लेकिन तुम इस चहारदीवारी से बाहर नहीं जा सकते। मेरे कारिंदे तुम पर नज़र रखेंगे। दूसरे क़ैदियों से तुम्हारा कोई संपर्क नहीं रहेगा।'

फिर उसने अपने कारिंदों को इशारा किया।
उनमें से एक ने मेरी आंखों पर काली पट्टी चढ़ा दी। अब मैं पूरी तरह अंधेरे की गिरफ़्त में था। कोई मेरा हाथ थामे मुझे अपने साथ बढ़ाए चल रहा था।

एक लंबी दूरी तय करने के बाद मेरी आंखों पर लगी काली पट्टी खोल दी गई। मैंने देखा, यह नयी जगह पहले से ज़्यादा खुली, फैली और हवादार थी। यहां रौशनी आने के कई रास्ते थे। उसे रोकने वाली दीवारें नहीं थीं यहां। बिल्कुल नहीं थीं।

मेरे आने से पहले ही वो यहां पहुंच चुका था। मेरी आंखों की काली पट्टी खोली गई, तो सामने मुझे उसका ही चेहरा सबसे पहले दिखाई दिया।

'यह जगह तुम्हें पसंद आएगी। तुम यहां आराम से रह सकोगे, जब तक तुम हमारी हिदायतों पर चलते रहोगे। मेरी हिदायतें ज़्यादा सख़्त नहीं होंगी। तुम्हें बस अपने होंठ सिले रखने होंगे। तुम किसी से बातचीत नहीं करोगे। हम चाहते हैं, भूल जाओ कि तुम कभी अपने चाहने वालों के सामने, बेख़ौफ़, अपनी भावनाएं व्यक्त करते थे। तुम्हारी भावनाएं मुझे आहत करती रही हैं। मेरी सत्ता को इन भावनाओं से ख़तरा है। इसलिए, तुम अपनी ज़बान बंद रखोगे, हमेशा के लिए, सदा।'

इतना कहकर वो अपने सलाहकारों के साथ इस नयी जगह से चला गया।

उसके चले जाने पर, मैंने इस जगह का जायज़ा लिया। सचमुच, यह जगह अच्छी थी। पहले वाली जगह से इसकी कोई तुलना नहीं हो सकती। जगह-जगह, फूल-पत्तियां थीं, साफ़-शफ़्फ़ाफ़ पानी के संगमरमरी फ़व्वारे थे। सड़कों के इर्द-गिर्द, हरी-हरी, गद्देदार घास की क़ालीनें थीं। ऊंचे-नीचे मीनारों से बिखरती रौशनी का तिलिस्म था। जगह-जगह, ख़ूबसूरत चेहरों के झुरमुट थे। चेहरों पर बेबाक मुस्कुराहटों का जादू था।

नयी जगह, सचमुच, नयी थी। बिल्कुल नयी। दिलों को अपनी मुट्ठी में बांध लेने वाली जगह!

एक नयी दुनिया थी, मेरे लिए, यह जगह। खुशी-खुशी रह सकता हूं मैं इस जगह। जब तक मैं उसकी हिदायतों पर दिलोजान से अमल करता रहूं। मेरे लिए उसने बस एक छोटी-सी शर्त लगाई है, बस एक मुख़्तसर-सी शर्त। मुझे अपने होंठ सिले रखने हैं। अपनी ज़बान बंद रखनी है।

यह नयी जगह, दरअसल, एक रंगमंच है। मैं इस रंगमंच का एक अहम किरदार हूं। शायद इस रंगमंच का सबसे पुराना किरदार। मुझे याद नहीं, (मेरे तजुर्बों ने शायद मेरी याददाश्त पर असर डाला हो) मैंने कितनी सदियां इस रंगमंच पर इसी तरह गुज़ारी हैं। हाथों में हथकड़ियां, पैरों में बेड़ियां, आंखों पर स्याह पट्टी, सिले हुए होंठ, बंद ज़बान!

रंगमंच का पर्दा, अभी-अभी, उठा है। खेल जहां ख़त्म होता है, वहीं से शुरू हुआ है। मैंने अपनी आज़ाद मुट्ठियां भींचीं हैं, हवा में लहराई हैं। मेरे पैरों की झंकार से मंच की सतह पर एक कंपन-सा महसूस हुआ है। मैंने अपनी रीढ़ की हड्डी को किसी ज़िंदा दरख़्त के मज़बूत तने की तरह सीधा किया है। और अपनी गर्दन आसमान की सिम्त उठाकर अपने होंठों को हरकत दी है।

अब मेरी आंखों के सामने उसका चेहरा नहीं है।
उसके सलाहकारों, कारिंदों के चेहरे भी नहीं हैं अब मेरे सामने।

मंच पर तेज़ रौशनी फैल गई है।

सामने, हज़ारों-हज़ार की तादाद में, तमाम उम्र के लोग, बेताबी से, तालियां बजा रहे हैं।

खेल शायद ख़त्म हो चुका है!

अंगारे और हथेलियां

हज़ार बरस पुराने संदूक़ की बेड़ियां खुलीं तो, तह-दर-तह, हिफ़ाज़त से रखे दस्तावेज़ में दर्ज एक ख़ूबसूरत इबारत देखने को मिली।

इबारत की भाषा और लिपि, दोनों से अजनबीपन की गंध निकलती महसूस हुई। इस गंध ने इबारत को समझने और इसके अर्थ तक पहुंचने का रास्ता आसान कर दिया। इबारत की भाषा बिल्कुल सादा और सपाट नज़र आई।

अपने पुरखों ने आइंदा नस्लों के लिए आसानी से समझ में आनेवाली एक नसीहत दर्ज कर दी थी, इस अजनबी इबारत में।

नसीहत में कहा गया था-

'क्या तुमने तारीख़ का वो बाब नहीं पढ़ा, जहां हमारी कुर्बानियों और हमारी तकलीफ़ों की हमेशा ज़िंदा रहने वाली मिसालें दर्ज हैं?

क्या तुमने इन मिसालों से नहीं सीखा कि हम और हमारे पुरखे आग की राहदारियों से किस तरह हंसते-मुस्कुराते गुज़रते रहे हैं?

किस तरह आग की पट्टियां और अंगारों की सेज हमारा मुक़द्दर बनी रही हैं, क्या तुमने नहीं जाना!

क्या तुम अनजान हो इस हक़ीक़त से कि तुम्हारे पुरखों की पुश्त पर ज़हरीले नेज़ों की कनी से हमले हुए, और उनके सर उनके धड़ों से

अलग कर दिए गए?

क्या तुमने यह नहीं जाना कि तुम्हारे मूरिस (पुरखे) सिर्फ़ इसलिए गुमनाम जगहों पर दफ़्न किए गए कि उनके दुश्मन क़ब्र से उनकी लाशें निकालकर उनकी बे-हुरमती नहीं करें!

क्या तुमने इनमें से एक बात भी नहीं जानी!

क्या तुम तमाम ज़िंदगी सचमुच इन बातों से ग़ाफ़िल रहे?

अगर यह सच है कि तुम तारीख़ की इन अहम सच्चाइयों से सचमुच अंजान रहे, तो हमारे दिल में तुम्हारे लिए हमदर्दी का जज़्बा है।

पर जान लो कि कुदरत ने तुम्हें भी, हमारी ही तरह, यह ज़िम्मेदारी सौंप दी है कि तुम भी, हमारी तरह, अपनी आनेवाली नस्लों को बता सको कि हम और हमारे मूरिस किस तरह अपनी हथेलियों पर अंगारे लिए आग की राहदारियों से गुज़रते रहे हैं।

लेकिन अपनी नस्लों को ये सब बताने के लिए क्या यह ज़रूरी नहीं कि तुम खुद भी आग की राहदारी पर चलने की मश्क़ करो, और अपनी हथेलियों पर अंगारों के दस्ते संभाले आगे बढ़ो।'

हज़ार बरस पुराने संदूक़ की बेड़ियां खुलीं तों, तह-दर-तह, हिफ़ाज़त से रखे दस्तावेज़ की यह ख़ूबसूरत इबारत हमारी आंखों के परदे पर आसमान में खिले तारों की तरह उभर आई।

हमने अपने लहूरंग वजूद की गहराइयों में ज़िंदगी की चंद रौशन तस्वीरें उभरती महसूस कीं।

हज़ार बरस पुराने संदूक़ की बेड़ियां खुलीं तो बस खुली ही रहीं। उन्हें

दोबारा, आनेवाली किसी सदी में, खुद अपनी नस्लों के लिए महफ़ूज़ कर देने का जज़्बा, पता नहीं क्यों, मुझे अपने अंदर महसूस नहीं हुआ।

मैंने हज़ार बरस पुराने संदूक़ की बेड़ियां खोल दीं, और संदूक़ में, तह-दर-तह, हिफ़ाज़त से रखे दस्तावेज़ में दर्ज, इस ख़ूबसूरत इबारत को, हमेशा-हमेशा के लिए, आज़ाद कर दिया।

आज़ाद, हमेशा-हमेशा के लिए आज़ाद!

पीली इबारत

मैंने अपनी कमज़ोर पड़ती आंखों से काग़ज़ के उस चौकोर टुकड़े को ग़ौर से देखा। काग़ज़ तो सफ़ेद ही लगता है। लेकिन उस पर दर्ज पीली इबारत ने उसे रंगीन बना दिया है। रंग भी सिर्फ़ पीला है, शब्दों से लेकर हाशिए तक। मुहर्रिर ने ज़रूर अपना नाम लिखने के लिए किसी दूसरे रंग का इस्तेमाल किया है। लेकिन इबारत के गहरे पीलेपन ने शायद उसे काग़ज़ पर ज़्यादा उभरने की इजाज़त नहीं दी है।

मैंने शब्दों के पीलेपन की अंदरूनी तहों को पढ़ने की कोशिश की है। शब्द पारदर्शी हैं, इसलिए पढ़ने में ज़्यादा कठिनाई नहीं हुई, हालांकि आंखें मेरी कमज़ोर पड़ती जा रही हैं, और चश्मे का पॉवर तेज़ी-से ऊपर जा रहा है। सफ़ेद काग़ज़ पर दर्ज पीली इबारत कई-कई बिंब उकेरती महसूस हो रही है। कहीं मौन, तो कहीं बोलने वाले बिंब!

वो प्रतिकार के शब्द-बिंब नहीं हैं। उनमें असहमति के स्वर भी नहीं हैं। उनमें छिपी है एक संगीन अय्यारी, और एक क्रूर कृतघ्नता, जो शब्दों के लिए एक विषैला आवरण गढ़ लेती है। कृतघ्नता का यह विष-स्वाद मेरे लिए नया नहीं है। मैं शब्दों के इस तेज़ाबी स्वाद से पहले भी कई-कई बार गुज़र चुका हूं। मुझे शब्दों का विषैलापन किसी सूरत अजनबी नहीं लगता।

मैंने ऊपर कहा, सफ़ेद कागज़ पर दर्ज पीली इबारत कहीं मौन, तो कहीं बोलने वाले बिंब उकेरती महसूस हो रही है। बिंब, जो मौन है, बोलने वाले बिंबों से ज़्यादा मुखर है। वैसे भी, शब्दों के पार्श्व-अर्थ उनके पारदर्शी अर्थों से ज़्यादा मारक होते हैं।

सफ़ेद कागज़ पर दर्ज यह पीली इबारत कुछ नये-पुराने संकेतों से ताक़त बटोरती है। फिर वो इस ताक़त से अपने लक्ष्य साधती है, उन्हें नीचे गिराने या ऊपर उठाने का संकल्प पूरा करती है। शब्दों का पीलापन इबारत के उद्देश्यों को और तीखा बनाता है।

जो लोग शब्दों के इस पीलेपन को नहीं पहचानते, वो इसके आगे झुक जाते हैं। वो बाज़ार-दर पर शब्दों के इस पीलेपन का मुआवज़ा चुकाते हैं। जिनके पास मुआवज़ा चुकाने की क़ूवत नहीं होती, वो शब्दों के विषैले, तेज़ाबी प्रभाव में आकर दम तोड़ देते हैं।

कागज़ के जिस चौकोर टुकड़े पर आज मेरी कमज़ोर पड़ती आंखें टिकी हैं, वहां शब्दों के गहरे पीलेपन से जो प्रतीक-बिंब उभरते महसूस हो रहे हैं, उनकी अंतर्कथा का रंग क्या है, पीला या कुछ और?

सोहा के नाम

'मेरा नाम सोहा है...'

अचानक मेरे पासवाले सोफ़े से बिल्कुल साफ़, समझ में आने वाली आवाज़ सुनाई दी। मैंने हैरत से पीछे मुड़कर देखा। मेरे सामने एक ख़ूबसूरत, नाज़ुक, परी-सी बच्ची खड़ी थी।

'ख़ूब'! मेरे मुंह से निकला। 'मुझे जानती हो?'

'नहीं।' वह बोली।

'फिर'! मैंने कहा।

'मुझे यह किताब चाहिए। जो आपके हाथ में है।'

'क्या करोगी इस किताब का, पढ़ती हो?'
'नहीं... तस्वीर बनाती हूं। इस किताब पर तस्वीर बनाऊंगी। यहां काग़ज़-कॉपी नहीं है।'

मेरे सामने कोई विकल्प नहीं है। मैंने अपनी नज़्मों वाली किताब उसे थमा दी है।

'क़लम भी दीजिए।' वह बोली!

मेरी हैरत की कोई सीमा नहीं है।

क़लम और किताब लेकर बच्ची पासवाले सोफ़े पर बैठ गई है।

मैंने देखा, उसकी उंगलियां किताब के सादा पन्नों पर तैर रही हैं!

श्रीनगर एयरपोर्ट के इस ख़ूबसूरत लाउंज में, इस वक़्त, मेरे अलावा कई और मुसाफ़िर अपनी फ़्लाइट के इंतज़ार में हैं। उन्हें आसानी से उंगलियों पर गिना जा सकता है। मुसाफ़िरों के साथ, उनके कुछ रिश्तेदार भी मौजूद हैं, जो उन्हें रुख़सत करने यहां आए हैं। दो साल की ये बच्ची, सोहा, उनमें एक है। अपनी मम्मी के साथ किसी अज़ीज़ को 'खुदा हाफ़िज़' कहने आई है।

मेरी आंखों के परदे पर श्रीनगर सेंट्रल जेल के स्पेशल वार्ड के फ़र्श पर बैठी बंदी औरतों के चेहरे उभर रहे हैं। उन चेहरों पर छाया सन्नाटा थोड़ी-थोड़ी देर में टूटता है। जब वो दबी-दबी सुबकियों के सहारे अपनी आंखों से बेसाख़्ता बहने वाले आंसुओं को क़ाबू करने की कोशिश करती हैं।

बंदी औरतों में कई उम्रदराज़ हैं। जो अपने कुनबे की कम-उम्र लड़कियों के साथ एक-जैसे इल्ज़ाम में गिरफ़्तार करके यहां लाई गई हैं। इनमें कुछ ऐसी औरतें भी हैं, जिनके शौहर किसी हादसे का शिकार हो गए। या फिर, काफ़ी अर्सा गुज़र जाने पर भी, जिनके शौहर को पुलिस या फ़ौज के कारिंदे ज़िंदा या मुर्दा तलाश नहीं कर सके। अलग-अलग थानों में उनकी गुमशुदगी की रपट ज़रूर दर्ज होती रही!

लोग कहते हैं, पुलिस और फ़ौज के अमलों को अच्छी तरह मालूम है, इन गुमशुदा चेहरों को ज़मीन खा गई या आसमान निगल गया। वो पुलिस को ज़मीन, और फ़ौज को आसमान बताते हैं।

इन औरतों की बेचैनियां जितनी खुद अपने हालात से जुड़ी हैं, उससे कहीं ज़्यादा अपने छोटे-छोटे बच्चे-बच्चियों के भविष्य को लेकर हैं। जिन्हें वो अपने कुछ भरोसेमंद पड़ोसियों के पास छोड़ आई हैं। इन बच्चों

की परवरिश और हिफ़ाज़त की फ़िक्र उनके रौशन चेहरों की उदासी बन गई है। बार-बार, उनकी आंखों से छलकते आंसू शायद उनके सोते-जागते ख़ाबों की सच्चाई बयान कर रहे हों!

इन औरतों में कुछ ऐसे मातमी चेहरे भी हैं, जो लंबी मुद्दत से अपनी बेगुनाही और मासूमियत के एवज़ इंसाफ़ की राह देख रहे हैं। लेकिन इंसाफ़ की राह तब खुलेगी, जब वो अदालत के तख़्त पर बैठे हाकिमों के आगे पेश होंगी। कौन जाने, उन्हें अभी इंतज़ार की कितनी घड़ियां गुज़ारना बाक़ी हैं। महीनों उन्हें अदालत में सिर्फ़ इसलिए नहीं पेश किया गया कि पुलिस के अमले अपने वाहन समेत आला हाकिमों की ख़िदमतगुज़ारी में मसरूफ़ रहे।

आंसुओं में डूबे ये चेहरे अपनी बेचारगी के लिए हालात के सिवा और किसी को क़सूरवार नहीं ठहराते। ये चेहरे दर्द की जानी-पहचानी आवाज़ में अपने 'रब' से माफ़ी चाहते हैं। हरगिज़ वो यह नहीं जानते कि सियासत की किस गर्दिश ने उन्हें जेल के सीखचों में डाल रखा है। पर ज़रूर ही वो अपने नाकरदा गुनाहों के लिए खुदा से माफ़ी के तलबगार हैं।

कहते हैं, खुदा चहार-सिम्त, चहार-मुक़ाम मौजूद है। ऐसी कोई जगह नहीं, जो उसके करम, उसकी मेहरबानियों से ख़ाली हो। यह स्पेशल वार्ड, जहां मैं इतनी देर से इन शिकस्ता-हाल बंदियों के बयान सुन रहा हूं, ज़रूर ही यह जगह ख़ुदा की रसाई से आज़ाद नहीं है!

हाकिम कहते हैं, जम्मू-कश्मीर की जेलों में मुकर्रर सीटों से कम क़ैदी रखे गए हैं। लगभग ढाई हज़ार क़ैदियों के बीच, 106 के आसपास औरतें हैं, जिनमें ज़्यादातर विचाराधीन बंदी हैं।

हल्की बूंदाबांदी और तूफ़ानी बारिशों के दरम्यान, मैंने दबी ज़बान से इन विचाराधीन क़ैदियों के मामलों की आला-सतही, निष्पक्ष जांच और उन्हें, आरोपों के संगीन नहीं होने पर 'आम माफ़ी' दिए जाने की संभावना का

ज़िक्र किया तो पुलिस के आला अफ़सरों की आंखों में हैरत की परछाई तैर गई। हालांकि बाद में, इन पंक्तियों के लिखने तक, नीम फ़ौजी दस्तों पर पत्थर फेंकने वाले कश्मीरी युवकों को 'आम माफ़ी' देने का फ़ैसला अमल में आया।

कौन इस सच्चाई से इंकार करेगा कि बच्चे किसी के हों, गुनाहगारों के या बेगुनाहों के, अपने मां-बाप के ख़िलाफ़ दर्ज आरोपों के भागीदार नहीं होते। नहीं होने चाहिए। व्यवस्था, राज्यों की हो या केंद्र की, उसे क्या यह नहीं देखना चाहिए कि जेल की दीवारों के पीछे जो औरतें क़ैदी बनाकर रखी गई हैं, उनके बच्चों को ज़िंदगी की बुनियादी सहूलियतों से महरूम नहीं रखा जा सकता।

नयी नस्लों तक मानवीय सरोकारों की हमारी दस्तकें नहीं पहुंचतीं, तो हम या हमारे बौद्धिक वार्ताकार तनाव के इस गहराते परिदृश्य में कोई सार्थक भूमिका आख़िर कैसे निभा सकेंगे!

मेरी आंखों के परदे पर तैरने वाले ये चेहरे थोड़ी देर के लिए ओझल हो रहे हैं। इनकी जगह ले रही हैं, डल लेक के चारों ओर फैली रौशनी की किरणें, जो पानी की बेचैन लहरों को सहारा देती महसूस हो रही हैं।

अचानक मेरी आंखों के परदे पर एक छोटा-सा द्वीप उभरता है, और मैं 'चार चिनार' की काव्यात्मक परिकल्पना से अभिभूत हो उठता हूं। चार चिनार! जो कभी सचमुच पूरे 'चार' रहे हों!

डल लेक की ख़ामोशियों और पानी की बेचैन लहरों के साथ मेरी आंखों में कुछ और दृश्य उभर रहे हैं। कुछ और दृश्य! जिनमें अल्फ़ाज़ तरन्नुम का हसीन पैकर बन गए हैं। पैकर, जो कश्मीर के जादुई हुस्न का अक्स बनकर अब भी मेरी आंखों में तैर रहे हैं।

बुंबरो, बुंबरो, श्याम रंग बुंबरो !

निसार नसीम कह रहे हैं, कैसे एक भंवरा किसी ख़ूबसूरत फूल की तलाश में दीवानावार घूम रहा है!
कैसे एक फूल रात की स्याही में कहीं खो गया है!

रात की इसी स्याही से निकाला है मुझे, दो साल की इस खूबसूरत बच्ची सोहा ने। जो अभी-अभी मुझ से मेरी नज़्मों की किताब और क़लम मांग कर ले गई है। जो बड़े चाव से इस़ किताब के सादा पन्नों पर अपनी नाज़ुक उंगलियों से कुछ लकीरें उभार रही है।

'लीजिए, अपनी किताब।' अचानक पास वाले सोफ़े से सोहा की आवाज़ उभरती है।

फ़्लाइट का वक़्त हो गया है। सोहा की मम्मी उसे लेने आ गई हैं। मेरी किताब लौटाते हुए सोहा मुझे 'खुदा हाफ़िज़' कह रही है।

मेरी आंखें किताब के सादा पन्नों पर सोहा की बनाई तस्वीरों में खो गई हैं।

किताब के सादा पन्नों पर सोहा की उंगलियों के पुरनूर निशान उभर आए हैं!

मैं तुम्हारे शहर आऊंगा, सोहा, फिर आऊंगा। मेरे लिए, इस किताब के सादा पन्नों पर उकेरी गई तुम्हारी इन लकीरों के दरम्यान जो जगहें ख़ाली रह गई हैं, उनमें अपनी उंगलियों से कई-कई रंगों के ख़ूबसूरत कोलाज बनाकर रखना।

सोहा, मैं आऊंगा। देखना, ज़रूर आऊंगा!

सारा के लिए

कई छोटी-बड़ी मशीनों का सावधानीपूर्वक इस्तेमाल करके, चेहरे पर संतोष की रेखाएं खींचते, डॉ. लालवानी ने कहा - 'आपकी आंखें बिल्कुल ठीक हैं, पावर लगभग पहले जैसा है। इतने वर्षों में, कोई ख़ास फ़र्क़ नहीं आया। तीन-चार महीने पर, दोबारा ज़रूर दिखा लेंगे।'

डॉ. लालवानी के कमरे से बाहर आते वक़्त मेरे दिमाग़ में एक ही वाक्य जैसे गूंज रहा हो। ठीक हैं मेरी आंखें, तो फिर इन आंखों के पर्दों पर परछाइयां-सी क्यों छाई रहती हैं, हर वक़्त। मैं इन परछाइयों के परे कुछ देख क्यों नहीं पाता! हर वक़्त, इन परछाइयों की ओट में रेल की पटरियां-सी क्यों बिछी नज़र आती हैं। और फिर, इन पटरियों पर ख़ून के चकत्ते-से क्यों उभरते दिखाई देते हैं। मेरी आंखें ख़ून के इन चकत्तों से पूरी तरह ढंक क्यों जाती है! फिर इन चकत्तों से आनेवाली ताज़ा ख़ून की बू मेरी नाक पर क्यों बिछ जाती है!

डॉ. लालवानी! आप कहते हैं, मेरी आंखें बिल्कुल ठीक हैं, इन्हें कुछ नहीं हुआ। इनके विज़न में कोई फ़र्क़ नहीं आया। ज़रूर ही, डॉ. लालवानी, आपकी मशीनें आपको धोखा नहीं दे सकतीं। खुद आपकी बारीक आंखें इतनी तजुर्बेकार हैं कि मेरी आंखों में आई हल्की-सी तब्दीली भी आपसे छिप नहीं सकती। लेकिन ऐसा क्यों है कि आप इन तजुर्बेकार आंखों से मेरी आंखों पर उभरने वाली परछाइयां नहीं देख पाते। और इन पर बिछी रेल की पटरियां, जिन पर ताज़ा ख़ून के चकत्ते फैल गए हैं, आपकी

आंखों से ओझल रहती हैं। ऐसा क्यों है, डॉ. लालवानी!

मुझे अपने किसी सवाल का जवाब नहीं मिलता। डॉक्टर मुझे 'शुक्रिया' कहकर मेज़ के दूसरे किनारे खड़े अपने किसी सहयोगी की तरफ़ मुख़ातिब हो जाते हैं। मैं दरवाज़े की ओर बढ़ता हूं। रेल की पटरियां, ख़ून के चकत्ते मेरा पीछा करते हैं। पोर्टिको तक, दोनों मेरे साथ-साथ आते हैं। कार में बैठते ही, मैंने अपनी दोनों आंखें बंद कर ली हैं। रेल की पटरियां, और उन पर, दूर-दूर, फैले ताज़ा ख़ून के चकत्ते मेरी बंद आंखों में और भी रौशन होकर उभर रहे हैं!

हवाई जहाज़ की पहली क़तार में, खिड़की की तरफ़ बैठते ही, मैंने अपने फ़ोलियो बैग से शाहिद अनवर के नाटक 'सारा' की पांडुलिपि निकाल ली है। तभी, सीट-बेल्ट बांध लेने की अपील के साथ, पूरे जहाज़ में फैली तेज़ रौशनी अचानक मद्धिम होकर अंधेरे में बदल जाती है। मैंने कैबिन की तरफ़ देखा। मेरे हाथ में पड़ी पांडुलिपि अंधेरे का शिकार हो गई है। आंखें जब अंधेरे की अभ्यस्त हुईं, तो मैंने ऊपर हाथ बढ़ाकर रीडिंग लाइट जलानी चाही। सीट-बेल्ट कुछ ज़्यादा ही कस गई है। कैबिन-क्रू ने मेरी सहायता की और जहाज़ की छत से टंगे दोनों रौशनी के बुंदे पांडुलिपि पर केंद्रित हो गए।

आज मैंने फलों के जूस नहीं लिए। स्नैक्स की ट्रे आई। मेरे आगे छोटी मेज़ पर फैली पांडुलिपि के पन्ने देखकर ट्रे लौट गई। चाय-कॉफ़ी, मेरे लिए आज सब अजनबी हो गए हैं। बाज़ू की सीट ख़ाली है, इसलिए मैं पांडुलिपि के पन्ने, बारी-बारी, उस पर सरका रहा हूं।

यह मेरा इस पांडुलिपि का दूसरा पाठ है। आंसुओं से भीगी, ताज़ा ख़ून में डूबी पांडुलिपि का दूसरा पाठ! यकायक पांडुलिपि के पन्नों से रेल के गड़गड़ाने की आवाज़ उभरने लगी। मुझे महसूस हुआ, जैसे यकायक मेरे सिर से रेल के कई-कई डब्बे, एक-साथ, गुज़र गए हों, तेज़ आवाज़ के साथ। मैंने घबराकर खिड़की के बाहर देखा। आसमान पर शाम का

धुंधलका पूरी तरह छा गया है, और डूबने वाले सूरज की सुनहरी किरणें दम तोड़ रही हैं। आसमान साफ़ है, बिल्कुल साफ़। दूर-दूर तक, बादल नहीं हैं, बादलों की परछाइयां तक नहीं हैं।

परछाइयों से याद आया। मेरी आंखों पर छाई रेल की पटरियों की परछाइयां, और उन पर ताज़ा ख़ून के चकत्ते! चकत्ते और रछाइयां, जिन्हें डॉ. लालवानी की बारीक निगाहें नहीं देख पाई हैं। लेकिन, जो लगातार मेरी आंखों पर छाई हैं!

हवाई जहाज़ काफ़ी बुलंदी पर उड़ रहा है। मेरे हाथों में पांडुलिपि के पन्ने उन परिंदों की तरह फड़फड़ा रहे हैं, जिन्हें अभी-अभी किसी तजुर्बेकार शिकारी ने मौत की नींद सुला दिया है। परिंदों के जिस्म से ख़ून के क़तरे टपक रहे हैं। ताज़ा ख़ून के क़तरे!

मुमकिन है, ये परिंदे बेजान होकर आसमान की ऊंचाइयों पर उड़ने वाले जहाज़ से नीचे गिर पड़े हों, और उनके जिस्म से टपकने वाले ताज़ा खून के क़तरे किसी बंजर ज़मीन पर उगी रेल की पटरियों पर फैल गए हों। ताज़ा खून के चकत्ते-जैसे!

बंजर ज़मीन पर उगी रेल की पटरियां और उन पर फैले ताज़ा ख़ून के चकत्ते! मेरी आंखों पर छाई परछाइयों की फ़िज़ा शायद इन दोनों ने मिलकर तैयार की हो! लेकिन ये फ़िज़ा अभी मुकम्मल कहां हुई! अभी इसमें एक ज़िंदा जिस्म और एक ज़िंदा रूह की बेताबियों का रंग घुलना बाक़ी है। तभी तो ये फ़िज़ा शफ़क़ की रंगीनियों का अक्स बन पाएगी! अभी कहां! अभी एक ज़िंदा जिस्म की बोटियों से इस फ़िज़ा की दस्तारबंदी होना बाक़ी है!

मैं पांडुलिपि के आख़िरी पन्ने पर हूं। हवाई जहाज़ का मेरा यह सफ़र भी शायद अपनी आख़िरी छलांग ले रहा है। मेरी आंखों पर, आसमान के

आंगन में उगे सितारों की तरह, किसी बंजर ज़मीन पर उगी रेल की पटरियां और ताज़ा खून के चकत्ते उभर आए हैं। पटरियां और चकत्ते!

हवाई जहाज़ ज़मीन को सजदा कर रहा है। कैबिन-क्रू ने सारी रौशनियां जला दी हैं। जहाज़ का अंधेरा मुंह छिपाने की कोशिश में है। लेकिन, मेरी आंखों पर छाई परछाइयां बरक़रार हैं। परछाइयां, जिनमें रेल की पटरियां हैं, ताज़ा ख़ून के चकत्ते हैं, और ज़िंदा जिस्म की, कई-कई टुकड़ों में बंटी, खुशबुएं हैं।

जहाज़ की रफ़्तार एकदम से थम गई है। कोई ख़ूबसूरत आवाज़ यात्रियों से विनम्र अनुरोध कर रही है - कृपया अगली क़तार के लोगों को पहले उतरने दें।
मैं सीढ़ियां उतरने को तैयार हूं कि कैबिन-क्रू ने आवाज़ दी - सर, आपके पेपर्स।
मैंने देखा, उसके हाथों में पांडुलिपि के बिखरे पन्ने थे। जो मैं बाज़ू की सीट पर छोड़ आया था।

शुक्रिया!
क्या मैं तुम्हारा नाम जान सकता हूं ?
जी, मैं सारा हूं।
सारा!
जी, सारा, सारा जोन्स। मैं गोआ से आती हूं।

मेरी आंखों में छाई परछाइयां अचानक एक बर्फ़ीली धुंध में बदल गई हैं। बर्फ़ीली धुंध! रेल की बेजान पटरियां! ताज़ा खून के चकत्ते!

गुंबद है ख़ाली

रांची के मशहूर गौसनर कॉलेज की मरकज़ी इमारत। नहीफ़, ख़स्ता-हाल, एक इंसानी ढांचा शिकस्ता क़दमों से चलता हुआ कॉलेज की इस मरकज़ी इमारत के पास खड़ा-पड़ा है। छात्र और शिक्षक तेज़ क़दमों से आ-जा रहे हैं। क्लास की घंटियों के बीच क़हक़हों और चुहलों की आवाज़ें साफ़ सुनाई दे रही हैं।

साये की तरह रेंगता ये इंसानी ढांचा इमारत की पहली सीढ़ी के पास खड़ा मायूसी के आलम में हर गुज़रने वाले को हसरत की नज़रों से देखता है। चेहरे पर बदहवासी की धुंध, आंखें बेजान, हाथों में कंपकपी। गंदे, मैले-कुचैले चीथड़ों से ढंका जिस्म!

कोई पहचाने तो कि ये इंसानी ढांचा आख़िर है कौन, और किस इरादे से कॉलेज परिसर में घुस आया है!

अपनी ख़ामोश निगाहों से ये ढांचा सीढ़ियां चढ़नेवालों को देखता है। बस देखता है। कॉलेज की राहदारियां और गलियारे उसके जाने-पहचाने हैं। इन गलियारों में परवान चढ़ने वाली नव-जवानियां इस ढांचे से परिचित रही हैं। इसकी आत्मीयता की गवाह रही हैं। लेकिन क्या है कि सीढ़ियों से गुज़रने वाला कोई एक क़दम भी इस कमज़ोर और टूटे इंसानी ढांचे के पास रुक कर इससे एक बार भी नहीं पूछता-

'कौन हो तुम, किसलिए यहां आए हो?'

कॉलेज में छात्रों की भीड़ है। शिक्षक भी अपने-अपने कमरों में मौजूद हैं। उनकी बेजान, बेरूह गुफ़्तगू जारी है। हालात पर टिप्पणियां, नुक्ताचीनियां। सियासत की चाशनी में डूबी फ़िक़रेबाज़ियां, नयी-पुरानी फ़िल्मी तारिकाएं, संगीत के रंग, आदिवासी समाज का खुलापन। और हां, भगवाकरण के ख़तरे और उसके स्वाद, दोनों पर दिशाहीन बहसें जारी हैं।

बाहर, इन बहसों से दूर, इमारत की पहली सीढ़ी के पास, जाने कितनी देर से एक इंसानी ढांचा खड़ा है।

'कौन हैं आप, किसलिए यहां इतनी देर से खड़े हैं?'

इमारत की सीढ़ियां चढ़ने वालों में से कोई एक क़दम अचानक रुक कर इस ढांचे से पूछ बैठता है।

इससे पहले कि यह ढांचा अपनी ज़बान खोले, सवाल पूछने वाला उबल पड़ता है-

'अरे आप, यहां, इस हाल में? कोई हादसा हुआ है, जो ये हाल...?'

'आख़िरी बार अपने कॉलेज आ गया हूं। यह देखने कि कोई आंख मुझे इस हाल में पहचान पाती है या नहीं, और यह भी कि किसी के पास मेरे लिए हमदर्दी के दो बोल बच रहे हैं या नहीं। बरसों इस कॉलेज की चहारदीवारियों में मेरी आवाज़ इज़्ज़त के साथ सुनी जाती रही है। देखने आया हूं, आख़िरी बार, कि ये चहारदीवारियां मेरी आवाज़ आज पहचानती हैं या नहीं...।'

बोलते-बोलते ये इंसानी ढांचा लड़खड़ा कर गिर पड़ता है। जिस एक क़दम ने रुक कर उसका हाल पूछा था, उसी ने सहारा दिया, नीम बेहोशी के आलम में घर तक पहुंचाने का इंतज़ाम किया।

दो दिन बाद, रांची शहर में एक ख़बर फैली। इसी इंसानी ढांचे की मौत की ख़बर!

तीसरे दिन, सैकड़ों नमाज़ियों की मौजूदगी में ये ढांचा रातू रोड क़ब्रिस्तान की मिट्टी में दफ़नाया गया।

दफ़्न-कफ़्न का ख़र्च किस-किस जेब ने बर्दाश्त किया, मुझे नहीं मालूम। जिस किसी ने भी किया हो, उसे मेरी मुहब्बतें!

रांची शहर किसी ज़माने में मेरा ठिकाना रहा है। इसकी ख़ूबसूरती, इसके हुस्न, इसकी मेहमाननवाज़ियों, और इसके करम के क़िस्से मेरे वजूद पर छाए हैं। इसकी यातनापूर्ण दास्तानें हर पल मेरी ज़िंदगी का साथ देती रही हैं। फिर इस शहर को हुआ क्या था, उस दिन, कि कोई एक बंदा भी इस ढांचे की बदहाली बांटने को सामने नहीं आया। कोई उससे यह पूछने भी नहीं आया कि आज तुम्हारे फ़ाक़े का कौन-सा दिन है, और कितने पैसों की मदद तुम्हें मौत के मुंह से निकाल सकती है। कोई सामने नहीं आया, इस शहर-ए-बे अमां में, और किसी ने इस ढांचे की वो आख़िरी आवाज़ नहीं सुनी, जो उसके बेजान हलक़ से उस आख़िरी लम्हा अदा हुई।

एक बार ये इंसानी ढांचा मेरे दफ़्तर की सीढ़ियां तय करता मेरे पास आ गया था। मेरे कमरे में, उस वक़्त, निर्मल वर्मा और अशोक वाजपेयी बैठे थे। ढेर सारे हिंदी के शायर-अदीब भी थे। बढ़ी हुई दाढ़ी, बेतरतीब लिबास, हाथ में कपड़े का एक मैला-कुचैला बैग संभाले, ये ढांचा जब मेरे कमरे में दाख़िल हुआ, तो सिर्फ़ मैं नहीं, सब के सब चौंक पड़े थे।

मैंने इस इंसानी ढांचे को पास वाले सोफ़े पर बैठाया और अपने अदीब मेहमानों से इसका परिचय कराया।

चली हवा तो लरज़ने लगी
मुंडेर पे शब
उठा गुबार तो दीवार-व-दर से
ख़ाब गिरे

उस रोज़, निर्मल वर्मा के लेक्चर और अशोक वाजपेयी के कविता-पाठ के दौरान, ये इंसानी ढांचा घंटों मंच पर, मेरे बाजू में बैठा रहा। हॉल में ही, अपना बैग खोलकर इस ढांचे ने अपनी डायरी मुझे सौंपी और कहा-

'अब ये सब कुछ आपके हवाले है। जो चाहें, करें।'

इतना कहा, और डायरी मेरे आगे सरका दी।

निर्मल वर्मा फणीश्वरनाथ रेणु पर लेक्चर दे रहे थे। खचाखच भरे हॉल में श्रोता उनके शब्दों का मर्म अपनी रगों में उतरता महसूस कर रहे थे। और मैं था कि सदारत की कुर्सी पर बैठा था, डायरी के उस पहले पन्ने पर चिपकी एक छोटी-सी तहरीर पर मेरी नज़र जैसे जम गई थी।

मुफ़लिसी और तंगी की आख़िरी हदों से गुज़रते एक बड़े रचनाकार की आंसुओं में डूबी तहरीर!

वो दिन, और आज का दिन!

रांची के गौसनर कॉलेज की राहदारी से ख़ाली हाथ लौटा ये इंसानी ढांचा रातू रोड क़ब्रिस्तान में अपनी ज़िंदगी की आख़िरी नींद सो रहा है।

मेरी मेज़ पर इस वक़्त इस इंसानी ढांचे की डायरी पड़ी है। स्याह जिल्द वाली डायरी, जिस में *लबे मुमास* के बाद लिखी गई उसकी नज़्मों की दुनिया महफ़ूज़ है।

मौसम अपने साथ न लाना
धूल
यहां तो ख़ोशा-ख़ोशा
गर्द जमी है

मैं जानता हूं, मेरे अल्फ़ाज़ रातू रोड क़ब्रिस्तान में मिट्टी तले दबे इस इंसानी ढांचे में जिंदगी की रूह नहीं फूंक सकते। मैं चाहता भी नहीं कि कोई मसीह इस ढांचे में जिंदगी की रूह फूंके और ये ढांचा दोबारा जी उठे। जी उठेगा, ये ढांचा, तो उसे अपने इर्द-गिर्द क़तार-अंदर-क़तार, अनगिनत निगाहें, आग बरसाती दिखाई देंगी।

इसीलिए मैंने जब शीन अख़्तर और सिद्दीक़ मुजीबी की ज़बानी वहाब दानिश की मौत की ख़बर सुनी, तो अपने रब से दुआ मांगी कि हरगिज़ इस इंसानी ढांचे में दोबारा जिंदगी की रूह मत डालना। रहने देना इसे, इसी तरह, मनों मिट्टी से दबा, ताकि उसके साथ-साथ उसके दोस्त-अहबाब और नज़दीकियों की ना-मेहरबानियां भी मिट्टी तले दबी रहें।

यहां तो रेत पे बहती हुई
आकाश-गंगा है
यहां साया भी नंगा है

सुनहरे अक्षर

स्थान है, उत्तर बिहार का एक चरवाहा विद्यालय। तिथि और समय शून्य है।

बारह वर्षीया संगीता कुमारी सच बोलना चाहती है। मगर आंगनबाड़ी की सेविका उसे सच बोलने से रोकती है।

संगीता कहना चाहती है कि भोजन के रूप में मिलने वाली रोटियां अच्छी तरह सीझती नहीं हैं। कभी-कभी, कच्चा आटा भी उन्हें खाने को मिलता है। जिसे खाकर उनके पेट में दर्द उठ जाता है और उन्हें कई-कई दिन विद्यालय से अनुपस्थित रहना पड़ता है।

आंगनबाड़ी सेविका काम के बोझ का ज़िक्र करती है। उसे एक हज़ार रोटियां सेंकनी पड़ती हैं। इस काम के लिए केवल चार कर्मचारी तैनात किए गए हैं। सेविका का कहना है, भला चार लोग मिलकर भी 50 किलो आटे की रोटियां और सब्जी-दाल कैसे तैयार कर सकते हैं।

विद्यालय में सप्ताह में दो दिन छात्र-छात्राओं को सब्ज़ी-दाल की जगह मांस परोसा जाता है। सेविकाएं कहती हैं, जिस दिन 20 किलो मांस बनता है, छात्रों की संख्या सामान्य से दुगुनी हो जाती है। शेष दिन पहली कक्षा में 70, दूसरी में 20, तीसरी में 64 और चौथी कक्षा में 4 ही छात्र नियमित रूप से आ पाते हैं।

विद्यालय में 150 थालियां, कटोरे और ग्लास उपलब्ध हैं। बच्चों को थालियां तो मिलती हैं, परंतु कटोरे और ग्लास के दर्शन नहीं होते।

कारण पूछने पर, सेविकाएं कहती हैं, एक बार थालियां, कटोरे और ग्लास दिए गए थे, लेकिन चार थालियां, कुछ ग्लास और कटोरे चोरी चले गए। इसलिए अब थालियां संभाल-संभाल कर दी जाती हैं। कटोरे और ग्लास भंडार में बंद रहते हैं।

चोरी कौन करता है? छोटे या बड़े? बच्चे या वयस्क? शिक्षार्थी या शिक्षक?

बच्चे तो अपनी टूटी-फूटी लेकिन संयत भाषा में उत्तर दे जाते हैं, लेकिन बड़ों के पास कोई भरोसे लायक़ जवाब नहीं।

यह पूछने पर कि पांत में बैठने वाला बच्चा या बच्ची बर्तनों की चोरी कैसे कर सकती है, सेविकाएं संकेतों की भाषा में केवल इतना कहना चाहती हैं कि छात्र-छात्राएं तो कुछ घंटों के लिए ही विद्यालय आती हैं। उनके संस्कार तो दरअसल घरों में निर्मित होते हैं।

क्या सेविकाएं यह कहना चाहती हैं कि चरवाहा विद्यालय की रौशनी अभी गांव-घर के परिवारों तक नहीं पहुंच सकी है?

विद्यालय में मांझी, पासवान और यादव बच्चे-बच्चियां एक साथ पढ़ते हैं। उनका आपसी मैत्री-भाव दर्शनीय नहीं, महसूस करने लायक़ है। लेकिन हां उनमें से कुछ यह नहीं समझ पाते कि आख़िर मांझी परिवार के बच्चों को मासिक 30 रुपये और उन्हें सिर्फ़ 9 रुपये क्यों मिलते हैं।

बच्चे आख़िर बच्चे हैं, वो अभी क्योंकर जानेंगे कि मांझी का जीवन औरों से किस मायने में भिन्न है।

चरवाहा विद्यालय के बच्चे मुझे किसी लिहाज़ से शहरी बच्चों के

मुक़ाबले कम समझदार नहीं लगे। उनमें से दो, मनोज और प्रमोद, प्रोन्नति पाकर पहली कक्षा से चौथी कक्षा में चले गए हैं। उन्हें इस असाधारण प्रोन्नति के लिए पुरस्कार देने की घोषणा हुई थी, जो किन्हीं कारणों से अकार्यान्वित रही। इसकी पीड़ा उन्हें सताती है। लेकिन यह पीड़ा उनके लिए कोई बाधा नहीं बनी है। वो आगे और भी अच्छी पढ़ाई के इच्छुक हैं।

बच्चे दूर-दराज़ के गांव से पैदल चलकर विद्यालय आते हैं। उन्हें कोस-डेढ़ कोस की दूरी भी तय करनी पड़ती है। पांच-छह वर्ष के कई बच्चों ने दर्द-भरे लहजे में कहा, कभी-कभी हम थक जाते हैं और वर्षा होने पर भीग कर कई-कई दिनों के लिए बीमार भी पड़ जाते हैं।

विद्यालय के बच्चे कपड़ों में दिखे, भले ही वो साफ़ न हों। एक मांझी और एक यादव बच्ची की कलाई पर घड़ी भी दिखाई दी, जिसके अंक कंप्यूटराइज़्ड हैं।

विद्यालय जब खुला तो वहां दो चापाकल लगे, किंतु अब केवल एक ही चालू हालत में है। सो भी बड़ी मुश्किल से चलता है। सात वर्षीया ललिता के अनुसार, कभी-कभी चापाकल चलाते समय उसकी उंगलियां छिल जाती हैं।

विद्यालय से सटे उस छोटे टोले का चापाकल भी अपनी स्थापना के छह महीने के भीतर ही बेकार हो गया। इसके हैंडिल और पाईप चंपा और उर्मिला ने संभालकर रखे हैं। गांववासियों को इस चापाकल की मरम्मत तथा दो नए चापाकल दरकार हैं। उन्होंने आशा नहीं छोड़ी है।

शहर लौटते-लौटते, मैं एक बार पुनः चरवाहा विद्यालय के प्रांगण में हूं। मैंने अपनी नोटबुक चरवाहा विद्यालय के विद्यार्थियों के आगे फैला दी है।

मेरी नोटबुक पर पांच बाल-चरवाहों के हस्ताक्षर हैं: मनोज, प्रमोद, संगीता, ललिता और देवेंद्र मांझी।

मैं इन पांच हस्ताक्षरों के साथ राजधानी लौट आया हूं।

ये हस्ताक्षर भविष्य के सपनों की तरह मेरी नोटबुक पर जगमगा रहे हैं!

इस नदी की पोशाक है रेत

विष्णुपद मंदिर की विशाल सीढ़ियां उतरते वक़्त मंदिर की घंटियों के अलावा मेरे कानों में जो आवाज़ गूंज रही है, उसे मैं क्या नाम दूं?

सोचते-सोचते, मेरे पैर उस जगह पहुंच गए हैं, जहां सीढ़ियां रेत में बदल जाती हैं।

मेरे सामने फल्गु का ढाई हज़ार फीट चौड़ा पाट है। रेत के समुद्र की तरह फल्गु का यह पाट मंदिर में मौजूद हज़ारों श्रद्धालुओं के लिए इस वक़्त दिलचस्पी का केंद्र बना हुआ है। वो आंखें फाड़ कर इस भरी दोपहरिया में जलती-तपती रेत पर उतरने वाले चेहरों को देख रहे हैं।

सामने रेत पर आठ-दस साल के दर्जन-भर बच्चे टिन के डब्बे लिए अपनी उंगलियों से रेत की ऊपरी परतें हटा-हटा कर ख़ुश हो रहे हैं, तालियां बजा रहे हैं। रेत की ऊपरी सतह हटते ही तपती रेत की गर्मी यकायक हल्की ठंडक में बदल जाती है।

बच्चे रेत की निचली सतहों से उपजने वाले पानी को टिन के डब्बों में जमा कर रहे हैं। डब्बा आधे से अधिक भर जाने पर वो उसे लेकर मेरे पास आते हैं।

मैंने अपनी उंगलियां डब्बे के ठंडे पानी से भिगोकर बच्चों की ख़ुशियां

बांट ली हैं।

तब तक दो-चार डब्बे लेकर कुछ और बच्चे मेरे पास आ जाते हैं। तपती रेत के नीचे ठंडे पानी से भरे डब्बे!

'कितनी देर लगती है, एक डब्बा भरने में?'

मैंने बच्चों से पूछा है।

नंग-धड़ंग बच्चों में से एक बोल उठता है, 'बस, ज़रा-सी देर। उतनी ही देर जितनी आप अपने पुरखों का नाम याद करने में लगाते हैं।'

बच्चे की हाज़िरजवाबी देख हमारे चेहरे पर हल्की मुस्कुराहट फैल जाती है।

हम अफ़सरों के साथ रेत पर कुछ और क़दम आगे बढ़ गए हैं। अपने हाथों में बड़ा-सा नक़्शा संभाले ज़िलाधिकारी और उनके सहयोगी परियोजना से जुड़े विभिन्न बिंदुओं पर रौशनी डाल रहे हैं। परियोजना का मूल उद्देश्य यह पता करना है कि एक सीमा में फल्गु के पानी को नदी की ऊपरी सतह से कम से कम पांच फ़ीट की ऊंचाई तक साल-भर के लिए कैसे जमा किया जा सकता है। एक ऐसे ताल की शक्ल में, जिसके चारों ओर सीढ़ियां और गलियारे हों, जिनसे तीर्थ-यात्री आसानी से नदी में उतर सकें और ज़रूरत-मुताबिक़ पानी ले सकें।

तकनीकी सलाहकार कहते हैं, रेत की निचली सतहों पर जाली लगाकर सीपेज से आनेवाले पानी को आसानी से ताल की शक्ल में जमा किया जा सकता है।

कहीं हम नदी के प्राकृतिक स्वभाव और रेत की परतों से छेड़छाड़ तो नहीं कर रहे हैं?

अपने अंतर्मन में उठनेवाला सवाल मैंने विस्तार से अधिकारियों के

सामने रखा है।

'हमारे लिए परियोजना को लेकर कोई फ़ैसला करने से पहले जल-वैज्ञानिकों और पर्यावरण विशेषज्ञों से परामर्श कर लेना लाज़िमी है। फिर यह भी देखना है कि बरसात की बाढ़ में पानी के साथ जो मिट्टी और झाड़-कचरा नदी में बहकर आता है, उसकी सफ़ाई कैसे होगी।'

घंटा-डेढ़ घंटा फल्गु की रेत पर बिता कर मंदिर-परिसर से बाहर आते वक़्त मैंने सोचा, रेत तो फल्गु नदी की पोशाक है। रेत हटाकर पानी निकालेंगे तो इस पोशाक का क्या होगा!

फल्गु एक अन्तःसलिला नदी है। हैरत होती है यह देखकर कि सारी ऐतिहासिकता के बावजूद शब्दकोश इस नदी को 'सारहीन' बताते रहे हैं। कोई इसे इसके प्रत्यक्ष और पारदर्शी अर्थ यानी 'फल देने वाली नदी' के रूप में नहीं स्वीकारता। सब इसे एक 'सूखी नदी' के नाम से याद करते हैं।

इतिहासकार फल्गु नदी की एक और पीड़ा बताते हैं, इस का अपना कोई उद्गम स्थान नहीं। इस का अस्तित्व दो अन्य नदियों- निरंजना और मोहना-पर टिका है। इन्हीं दोनों नदियों के संगम से फल्गु नदी का वजूद क़ायम है। आगे चल कर भी यह नदी अपना वजूद बनाए नहीं रख पाती।

इसकी शाखाएं अलग-अलग संज्ञाओं से याद की जाती हैं।

मंदिर से लौटते वक़्त, मैं रह-रह कर सोचता हूं, रेत से अपना कई-कई जनमों का रिश्ता है। अपने पुरखे फल्गु नदी की रेत पर जनमे थे। अपना जनम भी फल्गु नदी के रेतीले आंगन में हुआ था। उस फल्गु नदी के आंगन में, जिसे हिंदी-उर्दू के शब्दकोश 'सारहीन' बताते रहे, मगर जो एक अन्तःसलिला, फल देनी वाली महान नदी है।

मुझे यह नदी और इसकी सफ़ेद चादर पर फैली रेत ऐसा सुख देती है,

जिसे शब्दों में अभिव्यक्त नहीं कर सकते।

इतिहासकार कहते हैं, इस नदी का अपना कोई उद्‌गम स्थान नहीं। इस का वजूद दो अन्य नदियों पर टिका है। लेकिन मैं सोचता हूं, दो अन्य नदियों से बह कर आने वाला पानी फल्गु की गोद में आकर रेत की तहों में इस तरह ख़ामोश क्यों बैठ जाता है। उसे नदी की ऊपरी सतहों का मनोहारी दृश्य क्यों नहीं रास आता!

मेरे लिए फल्गु की रेतीली गोद मेरी मां के दूधिया आंचल की तरह है। जैसे फल्गु अपने दुख-दर्द किसी को नहीं बताती, रेत के उन कणों को भी नहीं, जो खुद उसके वजूद का हिस्सा हैं, वैसे ही मेरी मां ने भी अपने दुख-दर्द किसी को नहीं बताए। सारी ज़िंदगी वो भी अपने दुखों पर मोटी चादर डालती रही। हम भी, जो रेत के कणों की तरह, उसके वजूद का हिस्सा थे, कहां उसके दुख-दर्द को जान पाए!

रेत की असंख्य परतों के नीचे दबी उस की शीतल छाया अपने लहू से हमें सींचती रही है!

अकेली नहीं होगी धूप

रात के आख़िरी पहर की स्याही गई नहीं है अभी, कि मैंने खोल दिया है अपने कमरे में आने वाला दरवाज़ा और खिड़कियों के बेड़े भी गिरा दिए हैं।

ठंडी हवाओं के झोंके मेरे बदन में सिहरन पैदा कर रहे हैं।

देर-देर बाद आया है सूरज के उगने का वक़्त, और आहिस्ता-आहिस्ता ऊपर की तरफ़ सरकने लगा है सूरज।

कम दिलचस्प नहीं सूरज के ऊपर सरकने का मंज़र। सूरज से निकलने वाली धूप बाज़ू की तीन-मंज़िला इमारत से होकर, पाम-ट्री की शाख़ों को स्पर्श करती हुई जब ऊपर की तरफ़ बढ़ती है, मेरे छज्जे पर उस वक़्त नहीं होती है धूप। नहीं होती है उसकी परछाईं!

सूरज के उगने का एहसास-भर होता है, भले इस एहसास में सूरज की गर्मी शामिल नहीं हो।

धूप मेरे छज्जे को, मेरी छत की मुंडेरों को स्पर्श नहीं कर पाती, हालांकि मैंने खोल रखा है अपना दरवाज़ा, और अपनी खिड़कियों के बेड़े भी गिरा रखे हैं।

धूप दरअसल मेरे छज्जे और मेरी छत की मुंडेरों पर आती है उस वक़्त, जब आसपास के घरों में बाक़ी नहीं रहती इसकी ज़रूरत।

आती है मेरे छज्जे पर धूप जब लोग शाम पसरते देख बंद कर लेते हैं अपने दरवाज़े, अपनी खिड़कियां। तब आती है मेरे छज्जे पर धूप।

छज्जे से होकर आनेवाली धूप दाख़िल होकर मेरे कमरे में भर देती है इसे अपनी रौशनी से।

ऐसा ही होता है हमेशा, और सब कुछ जानते हुए भी मैं सूरज उगने से पहले खोल देता हूं अपना दरवाज़ा, गिरा देता हूं अपनी खिड़कियों के बेड़े और, सिहरन-भरे एहसास के साथ, बेंत की एक पुरानी कुर्सी लेकर अपनी आंखें छज्जे की ओर टिकाए बैठ जाता हूं, हर रोज़।

सामने खुली छत पर साफ़-धुले कपड़े सुखाने आती हैं लड़कियां, धूप के ऊपर सरकने से पहले, और पूरी छत ढंक जाती है, साफ़-धुले कपड़ों से। रंग-बिरंगे कपड़े, छोटे-बड़े, हर साइज़, हर काट के कपड़े, परंपरा में ढले कपड़े, और आधुनिक भी। कपड़े तंग और ढीले-ढाले कपड़े, ओढ़नियां, लहंगे, साड़ियां।

नहीं पहुंचती जब तक मेरे छज्जे पर धूप, सामने खुली छत पर फहराते रहते हैं, सर्दीली हवा में, लड़कियों के कपड़े।

अक्सर सोचता हूं मैं, धूप के आने से पहले ही शायद लड़कियों के कपड़े आधे सूख जाते हैं। बाक़ी आधे, सूखते हैं धूप के आने पर, धूप की आंच में, क्योंकि मैंने नहीं देखा धूप आने के बहुत देर बाद तक सामने छत पर एक सिरे से दूसरे सिरे तक टंगे तार पर फैले रंग-बिरंगे कपड़ों को। लड़कियां समेट लेती हैं अपने कपड़े, इससे पहले कि छत पर धूप की छतरी तन जाए।

मेरे छज्जे पर आती है धूप, सामने वाली छत से होकर। कभी-कभी इसीलिए साफ़-धुले कपड़ों की जगमग करती रौशनी भी धूप के साथ आ जाती है, मेरे छज्जे तक।

ऐसे में, सोचने लगता हूं मैं कि इस रौशनी में कितनी है धूप की मात्रा!

कितनी भी हो धूप की मात्रा, और जगमग कपड़ों की रौशनी, मेरे लिए अपने छज्जे पर आनेवाली धूप का एहसास ही काफ़ी है। धूप का एहसास! जो मेरे बदन की सिहरन को कुछ लम्हों के लिए सही उम्मीदों में बदल देता है।

धूप आती है मेरे छज्जे पर आसपास के तमाम घरों से होकर। पाम-ट्री की लंबी शाख़ों से झांकती, साफ़-धुले कपड़ों की खुली बाहों और खुली-अधखुली सिलवटों से छनकर। आती है, मेरे छज्जे पर धूप, खुशबुओं की रंगत समेटे, जिसमें उतर आते हैं अलग-अलग काट के कपड़े। तंग और ढीले, साफ़-सफ़ेद और सतरंगे!

धूप की आंच में तपे कपड़ों की गर्मी छज्जे से होकर उतर आती है मेरे कमरे में, और बेंत की इस पुरानी कुर्सी में अपना सिहरता बदन लिए, धूप की ओर आंखें बिछाए, कुछ लम्हों के लिए, मैं ज़िंदगी की रौशनी से भर-भर जाता हूं।

धूप आती है मेरे छज्जे पर, सब घरों से होकर, लेकिन ये मौसम धूप के ठहरने का नहीं, उसके उतरने का है!

मेरे कमरे में आती है धूप, छज्जे से होकर, ख़ामोशी से, फिर नीचे उतर जाती है धूप क्योंकि ये मौसम धूप के ठहरने का नहीं, छज्जे से नीचे, बिल्कुल नीचे, उतर जाने का है।

जानता हूं, उतरती है जब मेरे छज्जे से तो अकेली नहीं होती है धूप। मेरी सांसों की नमी होती है, उसके साथ। बेंत की इस पुरानी कुर्सी पर बैठे-बैठे, मैंने देखा है, छज्जे से उतरने वाली धूप भीग-भीग गई है, अक्सर। बूंदें टपकती हैं, इसकी पलकों से। मेरे छज्जे की बदरंग ज़मीन को भी गीला कर जाती है धूप। लौट जाती है धूप, ख़ामोश और गीली!

अगले दिन फिर मैं, रोज़ की तरह, बेंत की इस पुरानी कुर्सी पर, सूरज उगने से पहले, दरवाज़ा खोलकर बैठ जाता हूं। गिरा देता हूं खिड़कियों

के बेड़े। हर रोज़ की तरह, घिर जाता है मेरा बदन सिहरनों से। मेरे छज्जे से फिसलते वक्त, अकेली नहीं होती है धूप!

कल फिर, मैं बैठूंगा इस छज्जे पर, खोलकर अपना दरवाज़ा। गिराकर अपनी खिड़कियों के बेड़े। आएगी धूप, सामने वाली छत से होकर, पाम-ट्री की शाख़ों से छनकर, आएगी धूप।

लेकिन जाएगी जब मेरे छज्जे से, अकेली नहीं होगी, धूप!

ज़िंदा होने का सबूत

'कितने गहरे हैं ज़ख़्म?'
नुकीले जूते पहने आदमी ने कारिंदों से पूछा।
'इतने कि हम नाप नहीं सकते।'
'छोड़ देने पर ज़ख़्म भर तो नहीं जाएंगे?'
वो पूरी तरह मुतमइन होना चाहता था।
'लगता नहीं, पर आप कहें तो हम इसे कुछ और गहरा कर सकते हैं।'

आंखों का इशारा पाकर वो बेहोश, नीम-मुर्दा आदमी के सीने पर अपने ज़हरीले असलहों का दोबारा इस्तेमाल करने लगे।
बदन से रिसने वाला ख़ून फिर से धार बनकर गीली ज़मीन पर जज़्ब होने लगा।
एक पल के लिए बेहोश आदमी के जिस्म में थरथराहट-सी पैदा हुई।
फिर जैसे सब कुछ ठहर गया हो।

आसमान से अंगारे बरस रहे थे।
जब कि ये अंगारों के बरसने का मौसम नहीं था।
गलियां सुनसान थीं। राहगीर रस्ता भूल बैठे थे।
पेड़ों की शाख़ें साकित थीं।
पत्तियां अपनी हरियाली खो रही थीं।

गली के आख़िरी कोने पर हज़ार बरस पुरानी हवेली के खंडहर की एक

खिड़की न मालूम कबसे नीम–वा थी। एक साया था कि खिड़की पर लगी लोहे की तीलियां पकड़े गली की तरफ़ नज़रें जमाए था। अपनी हथेलियां उसने दुआ के अंदाज़ में आसमान की तरफ़ फ़ैला रखी थीं।

नुकीले जूतों वाला आदमी अब पूरी तरह मुतमइन था।
गली के रेतीले पत्थरों के बीच, बेहोश आदमी के जिस्म में कोई हरकत नहीं थी।

'है कोई इस आदमी के ज़िंदा होने का सबूत बाक़ी?'
'नहीं!'
चारों तरफ़ से कारिंदों की आवाज़... आवाज़ नहीं, गूंज उभरी।

हज़ार बरस पुरानी हवेली के खंडहर की खिड़की में लोहे की शिकस्ता तीलियां पकड़े कोई साया अब भी दुआइया अंदाज़ में अपनी हथेलियां आसमान की तरफ़ फैलाए खड़ा था।

'अब... इसे खाई में फेंक आओ।'
नुकीले जूतों से आवाज़ आई।

एक ने लाश अकेले अपने कंधे पर उठाई और खाई की तरफ़ बढ़ा।
चार क़दम ही चला होगा शायद कि उसकी चीख़ सुनाई पड़ी।
लाश में थरथराहट के साथ हरकत हुई।
ज़ख़्मी हाथ की उंगलियों में दबी क़लम की नोक ने लाश उठाने वाले की गर्दन में गहरा ज़ख़्म कर दिया था।
ख़ून की लकीरें उसकी नीम–फ़ौजी पोशाक को गीला कर रही थीं।

हज़ार बरस पुरानी हवेली के खंडहर की खिड़की पर इस वक़्त कोई साया मौजूद नहीं था!

—